LA ESENCIA DEL

Creador

Comprendiendo la autenticidad del sello de Dios en tu vida

Marcia Castillo

EL SHADDAI
EDITORIAL HOUSE

© 2019, Marcia Castillo

Todos los derechos reservados. Ninguna parte de este libro puede ser reproducido o usado sin previa autorización o consentimiento de la Autora:

Marcia Castillo
marciacastillollc@gmail.com

ISBN: 9781733847407

Diseño de la portada: Karen Walters

Editado en los Estados Unidos de América

El Shaddai Publishing House, LLC, Miami, Florida.

Dedico este libro al Señor, el único y verdadero Dios quien es la vida y por quien todas las cosas subsisten.

Gracias por el plan de redención, por tu infinito y eterno amor. Gracias por siempre dar lo mejor.

Éxodo 3:14

Doy gracias a mi amado esposo Eddie, por su amor, apoyo y ayuda incondicional.

A mis hijos y nietos quienes son mi inspiración y mi regalo de Dios para ser una mejor persona.

A mis padres Felipe y Marcia por creer en el llamado de Dios en mi vida y por apoyarme en la obra de Dios.

Índice

Prólogo 9
Introducción 15
Capítulo 1. ¿Quién es Dios? 19
Capítulo 2. Las cualidades de nuestro Padre 29
Capítulo 3. La relación del Padre con sus hijos 47
Capítulo 4. El ADN del Padre. 61
Capítulo 5. El misterio del velo rasgado
y el acceso al Padre. 73
Capítulo 6. Cuando pensamos que el Padre
nos ha desamparado 83
Capítulo 7. El poder legislativo del Padre 93
Capítulo 8. La Adopción 103
Capítulo 9. El nombre del Padre 131
Reconciliación 149
Conclusión 153
Referencias 157
Bibliografía 159

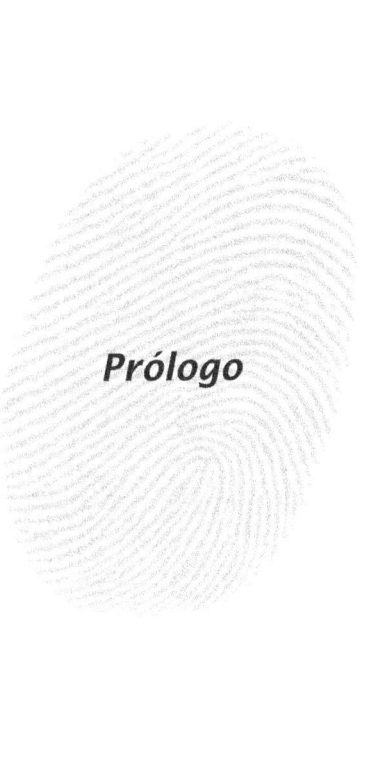

Prólogo

Este libro es capaz de entregarle a todo creyente la autenticidad del sello de Dios en su vida.

La exposición de las Escrituras por la Pastora Marcia verdaderamente alumbra nuestras mentes para entender la intención de nuestro Padre celestial. La pastora goza de la habilidad de hacer lo difícil sencillo. Cada versículo usado por ella es una estrategia sistemática, es capaz de añadir más luz para que todos podamos conocer el corazón y el amor del Padre.

Las verdades bíblicas compartidas en este libro nos liberan para poder apreciar nuestra herencia divina y el gran honor de ser escogidos para cumplir nuestro destino bajo el cuidado de un Padre que siempre ha estado presente en nuestro pasado, asegurando el futuro que Él ha diseñado para nuestras vidas desde el principio.

El salmista con un entendimiento vasto del Padre compuso un cántico acerca de los atributos esenciales del Padre. En el Salmo 139:1-24 NVI Cantó Sobre Su *Omnisciencia*:

Señor, tú me examinas, tú me conoces. Sabes cuando me siento y cuando me levanto; aun a la distancia me lees el pensamiento. Mis trajines y descansos los conoces; todos mis caminos te son familiares. No me llega aún la palabra a la lengua cuando tú, Señor, ya la sabes toda.

Cantó Sobre su *Omnipotencia*:

Tu protección me envuelve por completo; me cubres con la palma de tu mano. Conocimiento tan maravilloso rebasa mi comprensión; tan sublime es que no puedo entenderlo.

Cantó Sobre Su *Omnipresencia*:

¿A dónde podría alejarme de tu Espíritu? ¿A dónde podría huir de tu presencia? Si subiera al cielo, allí estás tú; si tendiera mi lecho en el fondo del abismo, también estás allí. Si me elevara sobre las alas del alba, o me estableciera en los extremos del mar, aun allí tu mano me guiaría, ¡me sostendría tu mano derecha! Y si dijera: «Que me oculten las tinieblas; que la luz se haga noche en torno mío», ni las tinieblas serían oscuras para ti, y aun la noche sería clara como el día. ¡Lo mismo son para ti las tinieblas que la luz!

Cantó Sobre Sus *Pensamientos para con nosotros*:

Tú creaste mis entrañas; me formaste en el vientre de mi madre. ¡Te alabo porque soy una creación admirable! ¡Tus obras son maravillosas, y esto lo sé muy bien! Mis huesos no te fueron desconocidos cuando en lo más recóndito era yo formado, cuando en lo más profundo de la tierra era yo entretejido. Tus ojos vieron mi cuerpo en gestación: todo estaba ya escrito en tu libro; todos mis días se estaban diseñando, aunque no existía uno solo de ellos. ¡Cuán preciosos, oh

Dios, me son tus pensamientos! ¡Cuán inmensa es la suma de ellos! Si me propusiera contarlos, sumarían más que los granos de arena. Y si terminara de hacerlo, aún estaría a tu lado.

Como un padre que sueña con la apariencia de sus hijos antes de nacer, imaginando como podrán ser igual a él. Así El Padre Eterno soñó con nosotros y estableció los detalles de nuestro destino y en Cristo estableció nuestro ADN.

Apóstol Daniel Bonilla – M.F.I.

Ministers Fellowship International

Introducción

En todos mis años sirviendo al Señor y ministrando a su pueblo he encontrado que las personas expresan un sin fin de ideas y analogías confusas, equivocadas y sin base alguna con respecto a Dios Padre.

A través de mis años de estudio en la Palabra y de mis muchas experiencias en mi caminar con Él, he aprendido que Dios Padre es la persona menos conocida y comprendida de la Deidad.

La mayoría de las personas juzgan a Dios, lo culpan por sus calamidades, por contraer enfermedades, muertes, en fin, por todo lo que el ser humano encara a través de su peregrinaje por la vida, sin verdaderamente entender el corazón del Padre.

Son estas vivencias las que me impulsan a presentar este libro acerca del Padre para llevarte a comprender la verdad de quién es el Padre y que vivas una vida en Su Plenitud y llegues a la eternidad con entendimiento.

Te invito a leer y comprender más sobre Aquel que te creó desde el principio de la creación, quien soñó contigo y puso en ti un propósito para cumplir en esta tierra.

La autora

Capítulo 1
¿Quién es Dios?

Es mi deseo plasmar a Dios en este libro, lo que he podido conocer personalmente de Él, lo maravilloso de su manifestación en mi vida y le aseguro que este libro lo ayudará a entender y conocer mejor su corazón, sus deseos y el plan perfecto de su creación para ti.

Dios, El Padre, el Todopoderoso quiere revelarse a nosotros de manera personal.

Muchos son los nombres que se le atribuyen a Dios, Dios Padre, Padre Celestial, Yahvé, Jehová, etc. con un conocimiento general que puede tener cualquier persona en el mundo. Dios Padre es mencionado 256 veces en el Nuevo Testamento. Solamente en el Sermón del Monte, que encontramos en el libro de Mateo, Jesús se refiere al Padre 17 veces. La verdad es que Jesús hace referencia a Su Padre en muchas ocasiones, dejando bien claro que su propósito en esta tierra era hacer la voluntad del Padre.

También podemos encontrar el nombre del Padre 3 veces en Hechos, 44 veces en las Epístolas de Pablo, en Hebreos, Santiago, en los escritos de Pedro, también lo menciona Juan en sus epístolas, en el libro de Judas y por último, en el libro de Apocalipsis.

La Palabra de Dios declara que el Padre es invisible al ojo humano:

> A Dios nadie le vio jamás; el unigénito Hijo, que está en el seno del Padre, él le ha dado a conocer.
>
> Juan 1:18

Sin embargo, Él se ha manifestado visiblemente de acuerdo a las Escrituras y según sus propósitos divinos.

En el Antiguo Testamento el Padre decidió mostrarse en varias oportunidades. En el libro de Éxodo, 24, le dijo a Moisés que se acercara a Su presencia junto con otras personas:

> Dijo Jehová a Moisés: Sube ante Jehová, tú, y Aarón, Nadab, y Abiú, y setenta de los ancianos de Israel; y os inclinaréis desde lejos.
>
> Pero Moisés solo se acercará a Jehová; y ellos no se acerquen, ni suba el pueblo con él.
>
> Éxodo 24:1-2

Más adelante, este libro relata lo siguiente:

> Y subieron Moisés y Aarón, Nadab y Abiú, y setenta de los ancianos de Israel; y vieron al Dios de Israel; y había debajo de sus pies como un embaldosado de zafiro, semejante al cielo cuando está sereno.
>
> Mas no extendió su mano sobre los príncipes de los hijos de Israel; y vieron a Dios, y comieron y bebieron.
>
> Entonces Jehová dijo a Moisés: Sube a mí al monte, y espera allá, y te daré tablas de piedra, y la ley, y mandamientos que he escrito para enseñarles los mandamientos que he escrito para guiarlos en la vida.
>
> Éxodo 24:9-12

Aquí hay una hermosa descripción de lo maravilloso que es estar en la misma presencia de Dios, tan pura, tan poderosa que los seres humanos podían morir al contacto con Su Presencia. Pero al mismo tiempo vemos cómo Dios controla aun ese impacto ¡y las personas que vivieron esta experiencia magnífica, no murieron por designio del mismo Padre!

También podemos notar que el propósito era muy relevante. Dios le entregaría a Moisés las tablas de la ley por la cual debían regirse los hijos de Dios. ¡Era importante que Moisés estuviera frente a Él!

A algunos profetas, como es el caso de Isaías, se les dieron visiones donde pudieron ver al Padre:

> *En el año que murió el rey Uzías vi yo al Señor sentado sobre un trono alto y sublime, y sus faldas llenaban el templo.*
>
> *Por encima de él había serafines; cada uno tenía seis alas; con dos cubrían sus rostros, con dos cubrían sus pies, y con dos volaban.*
>
> *Y el uno al otro daba voces, diciendo: Santo, santo, santo, Jehová de los ejércitos; toda la tierra está llena de su gloria.*
>
> *Isaías 6:1-3*

También fue el caso del profeta Daniel a quien se le dieron visiones de los últimos tiempos. En una de ellas, vemos lo que seguramente fue la imagen de Dios Padre:

> *Estuve mirando hasta que fueron puestos tronos, y se sentó un Anciano de días, cuyo vestido era blanco como la nieve, y el pelo de su cabeza como lana limpia; su trono llama de*

fuego, y las ruedas del mismo, fuego ardiente.

Un río de fuego procedía y salía de delante de él; millares de millares le servían, y millones de millones asistían delante de él; el Juez se sentó, y los libros fueron abiertos.

Daniel 7:9-10

En el libro de Apocalipsis se describe el trono de Dios y Su presencia de una manera alucinante:

Y al instante yo estaba en el Espíritu; y he aquí, un trono establecido en el cielo, y en el trono, uno sentado.

Y el aspecto del que estaba sentado era semejante a piedra de jaspe y de cornalina; y había alrededor del trono un arco iris, semejante en aspecto a la esmeralda.

Y alrededor del trono había veinticuatro tronos; y vi sentados en los tronos a veinticuatro ancianos, vestidos de ropas blancas, con coronas de oro en sus cabezas.

Y del trono salían relámpagos y truenos y voces; y delante del trono ardían siete lámparas de fuego, las cuales son los siete espíritus de Dios.

Y delante del trono había como un mar de vidrio semejante al cristal; y junto al trono, y alrededor del trono, cuatro seres vivientes llenos de ojos delante y detrás.

El primer ser viviente era semejante a un león; el segundo era semejante a un becerro; el tercero tenía rostro como de hombre; y el cuarto era semejante a un águila volando.

Apocalipsis 4:2-7

Estas descripciones de Dios en su trono coinciden con la

del profeta Ezequiel:

> Y sobre la expansión que había sobre sus cabezas se veía la figura de un trono que parecía de piedra de zafiro; y sobre la figura del trono había una semejanza que parecía de hombre sentado sobre él.
>
> Y vi apariencia como de bronce refulgente, como apariencia de fuego dentro de ella en derredor, desde el aspecto de sus lomos para arriba; y desde sus lomos para abajo, vi que parecía como fuego, y que tenía resplandor alrededor. Como parece el arco iris que está en las nubes el día que llueve, así era el parecer del resplandor alrededor.
>
> Esta fue la visión de la semejanza de la gloria de Jehová. Y cuando yo la vi, me postré sobre mi rostro, y oí la voz de uno que hablaba.
>
> Ezequiel 1:26-28

Hay otras referencias de la imagen de Dios Padre y cómo la percibieron los profetas en 1 Reyes 22:19 y en Habacuc 3:4.

Él es Dios, el ser sobrenatural y único de quien provienen todas las cosas.

Él posee atributos que sólo pertenecen a una persona divina.

Dios Padre es eterno. No tiene principio ni fin, así lo expresan las escrituras:

> Oh Jehová, eterno es tu nombre;
> Tu memoria, oh Jehová, de generación en generación.

Salmo 135:13

Semejanzas y diferencias entre Dios y sus hijos

¿No has sabido, no has oído que el Dios eterno es Jehová, el cual creó los confines de la tierra? No desfallece, ni se fatiga con cansancio, y su entendimiento no hay quien lo alcance.

Isaías 40:28

Este verso de Isaías nos va revelando la perpetuidad de Dios, su constancia, su perfección. También nos muestra cómo su inteligencia, su entendimiento, está fuera del alcance de nuestro entendimiento humano.

Otro pasaje nos revela la gran diferencia que hay entre nuestros pensamientos y los de Dios:

Porque mis pensamientos no son vuestros pensamientos, ni vuestros caminos mis caminos, dijo Jehová.

Como son más altos los cielos que la tierra, así son mis caminos más altos que vuestros caminos, y mis pensamientos más que vuestros pensamientos.

Isaías 55:8-9

De este modo, Dios Padre establece su altura, su poderío y su inmensidad delante de nosotros. No lo hace para ser prepotente, por supuesto que no. Hay una intención amorosa detrás de esta revelación sobre la distancia que hay entre nuestros pensamientos y los de Él y la expresa más adelante:

Porque como desciende de los cielos la lluvia y la nieve, y no vuelve allá, sino que riega la tierra, y la hace germinar y producir, y da semilla al que siembra, y pan al que come, Así será mi palabra que sale de mi boca; no volverá a mí vacía, sino que hará lo que yo quiero, y será prosperada en aquello para que la enviara.

Porque con alegría saldréis, y con paz seréis vueltos; los montes y los collados levantarán canción delante de vosotros, y todos los árboles del campo darán palmadas de aplauso.

Isaías 55:10-12

Dios establece la diferencia entre Sus pensamientos y nuestro pensamiento humano para mostrarnos lo que tiene guardado para nosotros cuando nos rendimos ante Sus pensamientos y Sus intenciones, para darnos un final mejor, para levantarnos por encima de la creación, como lo dice este pasaje y para que tengamos bienestar.

En el libro de Jeremías lo dice aún más claramente:

Porque yo sé los pensamientos que tengo acerca de vosotros, dice Jehová, pensamientos de paz, y no de mal, para daros el fin que esperáis.

Jeremías 29:11

Este verso, además, nos muestra uno de los más grandes atributos de Dios, es un Dios amoroso; nos revela su amor de Padre.

Por otro lado, el Padre declara en Génesis 1:26 que nuestro diseño es a Su imagen y semejanza:

Entonces dijo Dios: Hagamos al hombre a nuestra imagen,

conforme a nuestra semejanza; y señoree en los peces del mar, en las aves de los cielos, en las bestias, en toda la tierra, y en todo animal que se arrastra sobre la tierra.

El Padre siempre ha tenido la intención de que reinemos en la tierra. Nos hizo para gobernar este planeta, pero las malas decisiones del primer hombre, Adán, quitó parte de ese poderío. La caída del hombre arrancó el diseño original de dominio, señorío y autoridad.

Al crearnos, nuestro Padre Celestial nos dio de Sus atributos y Sus cualidades, nos hizo a Su imagen y semejanza, seres espirituales un poco menor que El.

Capítulo 2
Las cualidades de nuestro Padre

A través de este capítulo vamos a conocer más sobre los atributos de Dios:

- Dios es eterno
- Dios es omnisciente
- Dios es omnipresente
- Dios es omnipotente

Durante años, muchas personas han tratado de debatir la existencia de Dios. Hay miles de libros que tratan de demostrarlo y otros miles que tratan de negar su existencia. Es una verdadera pena y resulta hasta irónico o sarcástico que seres humanos vulnerables, sujetos a una vida que comienza y termina cuando nuestro Padre lo decide, puedan creerse hechura de la nada, que están aquí por un accidente o que simplemente evolucionaron de los animales. Este pensamiento produce tristeza. Sin embargo, el saber que Dios es real, que existe y que nos ama, nos eleva a un nivel superior en nuestra existencia, nos da propósito y nos ayuda a entender la maravillosa creación de Dios que somos cada uno de nosotros.

Las Escrituras no tratan de probar la existencia de Dios, tampoco su eternidad, sino más bien, revelan que, en el principio, cuando comienza nuestra historia, ya Él existía.

Desde el primer verso de la Biblia en el libro de Génesis lo podemos ver. Dios es y será por siempre, aun cuando termine la dispensación de los tiempos.

Su naturaleza eterna y su poder se manifiestan por medio de su creación a través de las edades. El sol, la luna y los planetas continúan en sus órbitas, las estaciones y el tiempo continúan su marcha sin que nada ni nadie los pueda cambiar. Los mares, los ríos, cada cual en su curso. Toda la creación testifica de su poder y su eternidad:

> *Porque las cosas invisibles de Él, su eterno poder y deidad, se hacen claramente visibles desde la creación del mundo, siendo entendidas por medio de las cosas hechas, de modo que no tienen excusa.*
>
> *Romanos 1:20*

Dios es real y es el principio de todo lo que existe

El estudio de la física enseña que materia, tiempo y espacio deben ocurrir simultáneamente; sin materia no puede haber tiempo o espacio.

Por lo tanto, el tiempo no existía antes que Dios creara el universo:

> *Porque en él fueron creadas todas las cosas, las que hay en los cielos y las que hay en la tierra, visibles e invisibles; sean tronos, sean dominios, sean principados, sean potestades; todo fue creado por medio de Él y para Él.*
>
> *Colosenses 1:16-17*

Las Sagradas Escrituras revelan claramente que antes de la creación del mundo no había materia, tiempo o espacio. Sin embargo, ya Dios estaba planificando, actuando:

> *Bendito sea el Dios y Padre de nuestro Señor Jesucristo, que nos bendijo con toda bendición espiritual en los lugares celestiales en Cristo, según nos escogió en Él antes de la fundación del mundo, para que fuésemos santos y sin mancha delante de Él.*
>
> Efesios 1:3-4

Dios es bueno y su amor por nosotros es sacrificial

Las evidencias del amor de Dios por nosotros son muchas. Sin embargo, el acto más evidente de Su amor por nosotros es el sacrificio más grande de que se tenga conocimiento en la historia de la humanidad. Así lo expresa Juan 3:16:

> *Porque de tal manera amó Dios al mundo, que ha dado a su Hijo unigénito, para que todo aquel que en él cree, no se pierda, más tenga vida eterna.*

Luego vino el Hijo Jesús a mostrarnos el inmenso amor del Padre por la humanidad y Su gran misericordia por los pecadores. En Juan 17:24 vemos cómo Jesús le pide al Padre que podamos ser partícipes y conocer su Gloria que le fue dada desde antes de la fundación del mundo:

> *Padre, aquellos que me has dado, quiero que donde yo estoy, también ellos estén conmigo, para que vean mi gloria que me*

has dado; porque me has amado desde antes de la fundación del mundo.

Desde antes de la fundación del mundo había un plan de salvación, estaba escrito y se sabía que Jesús venía a devolver al hombre lo que había perdido. El amor de Dios Padre por ti y por mí fue y es tan grande, que fue capaz de sacrificar a Su amado Hijo para que tú y yo pudiésemos estar con ellos en la Gloria celestial.

Dios es eterno

Cuando se conceptualizan las cualidades de Dios, debemos ir de la definición natural, literal, hasta lo sobrenatural que sencillamente no puede ser definido. Veamos algunas definiciones que nos van a ayudar a entender este atributo de Dios:

Eterno – No puede ser medido por el tiempo, sin principio ni fin. Término asociado con la inmortalidad.

Eternidad – Es la existencia fuera del tiempo (*Kronos*). No se puede medir y tampoco entenderse a través del intelecto. No tiene fin. Esta palabra se utiliza en contexto con la naturaleza de Dios. Su duración es infinita, perpetua, inmortal.

Tiempo – Continua sucesión de eventos temporales medidos en horas y minutos.

Dios existe fuera del tiempo, Él es el autor del tiempo y las dispensaciones, por lo tanto, tiene la habilidad de ver toda la expansión del tiempo instantáneamente desde Génesis 1:1 hasta Apocalipsis 22:21 a la vez.

La eternidad se escapa del concepto del tiempo medido en horas y minutos. La existencia de Dios Padre se escapa de lo natural.

Para Dios, desde su eternidad un día es como mil años. El salmista tenía conocimiento de esto cuando escribió:

Porque mil años delante de tus ojos
Son como el día de ayer, que pasó,
Y como una de las vigilias de la noche.

Salmo 90:4

En el Nuevo Testamento, el apóstol Pedro, lo confirma:

Mas, oh amados, no ignoréis esto: que para con el Señor un día es como mil años, y mil años como un día.

2 Pedro 3:8

Entendamos entonces que eternidad es existencia fuera del tiempo. Es un atributo de Dios Padre que no se puede medir y tampoco entenderse a través del intelecto, no tiene fin. Es también un atributo que Dios desea compartir con nosotros, Él desea que estemos con Él por la eternidad. Por esa razón, la eternidad es mucho más importante que este tiempo presente. Es necesario que lo que hacemos en nuestra vida terrenal tenga peso en la eternidad.

Es en esta dimensión en la cual el Padre habita, no tiene principio ni fin, simplemente existe. ¡Es en este ámbito en el que conviviremos con Él para siempre!:

Antes que naciesen los montes
Y formases la tierra y el mundo,
Desde el siglo y hasta el siglo, tú eres Dios.

Salmo 90:2

¡Dios es eterno, por lo tanto, todo lo que Él dice o hace es eterno, no hay cambio!:

Tú, oh Señor, en el principio fundaste la tierra,
Y los cielos son obra de tus manos.
Ellos perecerán, más tú permaneces;
Y todos ellos se envejecerán como una vestidura,
Y como un vestido los envolverás, y serán mudados;
Pero tú eres el mismo,
Y tus años no acabarán.

Hebreos 1:10-12

Este verso habla de la perpetuidad de Dios, inclusive más allá de la existencia del mundo. La eternidad de Dios es algo difícil de comprender, pero es su naturaleza.

Hay muchos secretos que aún no han sido revelados, sabemos lo que El Padre en su infinita sabiduría entendió que podíamos sobrellevar.

A través de Jesús nosotros adquirimos la naturaleza de vida eterna en nosotros.

Dios es Omnisciente, todo lo sabe

Una de las cosas que más me maravilla es que Dios nos conocía desde la eternidad.

Son varias las escrituras que demuestran esta realidad.

El Rey David, a quien se le atribuyen muchos de los Salmos y canciones que aparecen en la Biblia y de quien las Escrituras dicen que fue un hombre con un corazón conforme al corazón de Dios, escribe:

Pero tú eres el que me sacó del vientre;
El que me hizo estar confiado desde que estaba a los pechos
de mi madre.
Sobre ti fui echado desde antes de nacer;
Desde el vientre de mi madre, tú eres mi Dios.

Salmo 22:9-10

La eternidad de Dios abarca el principio de todo, el conocimiento de todo, su presencia en todo.

El mismo Padre se lo reafirma a Jeremías:

Antes que te formase en el vientre te conocí, y antes que nacieses te santifiqué, te di por profeta a las naciones.

Jeremías 1:5: 5

Conocer esta realidad de nuestro Padre nos hace entender el valor que tenemos para Él. Con cuidado nos formó en el vientre de nuestra madre, nos planificó de antemano para que hiciésemos Su voluntad aquí en la tierra. Es por esta razón que cuando los seres humanos pretenden acabar con una vida que se encuentra en el vientre de una madre, o cuando la mujer piensa que su cuerpo le pertenece y que, por esa razón, puede decidir practicarse un aborto, se comete un acto abominable que hiere el corazón del Padre. Acabar con una vida que ya Él decidió formar en el vientre de una madre es ir en contra de Su voluntad, es echar por tierra Sus planes, es algo a lo que no tiene derecho el ser humano.

Dios el Padre conoce el presente y el futuro. En la vida de Jesús, vemos cómo todo fue anunciado:

Cumplidos los ocho días para circuncidar al niño, le pusieron por nombre JESÚS, el cual le había sido puesto por el ángel antes que fuese concebido.

Lucas 2:21

Del mismo modo, Dios planificó con cuidado cómo y cuándo nacerías. Diseñó estrategias para que Su plan se cumpla en tu vida, le dio sabiduría a tu madre para cuidarte, te salvó de peligros y por esa razón, hoy estás aquí.

Dios planifica nuestra vida con un propósito divino, eterno. Hay quienes siguen Su voluntad para cumplir ese propósito. Jesús lo hizo en todo momento. Lo manifestó muchas veces en las escrituras, que estaba siguiendo la voluntad del Padre, quien le envió a la tierra.

Sin embargo, el ser humano comúnmente se desvía de este plan perfecto cuando toma sus propias decisiones sin obedecer al Padre.

En la vida de Sansón podemos ver como Dios lo creó para

ser un guerrero, para salvar a Su pueblo de los Filisteos. Así lo cuentan las Escrituras:

> Los hijos de Israel volvieron a hacer lo malo ante los ojos de Jehová; y Jehová los entregó en mano de los filisteos por cuarenta años.
>
> Y había un hombre de Zora, de la tribu de Dan, el cual se llamaba Manoa; y su mujer era estéril, y nunca había tenido hijos.
>
> A esta mujer apareció el ángel de Jehová, y le dijo: He aquí que tú eres estéril, y nunca has tenido hijos; pero concebirás y darás a luz un hijo.
>
> Ahora, pues, no bebas vino ni sidra, ni comas cosa inmunda.
>
> Pues he aquí que concebirás y darás a luz un hijo; y navaja no pasará sobre su cabeza, porque el niño será nazareo a Dios desde su nacimiento, y él comenzará a salvar a Israel de mano de los filisteos.
>
> Jueces 13:1-5

Pero Sansón tenía una debilidad, que lo llevó a entregarse él mismo en manos de sus enemigos, los filisteos. Muchas veces nosotros cortamos el plan divino que nuestro Padre Celestial tiene para nuestras vidas por escuchar más los deseos de la carne que lo que Él nos habla a nuestro espíritu.

Pero este plan divino existe, no solamente en la vida de hombres con llamados tan grandes, Dios Padre planifica la vida de cada una de sus criaturas y extiende a todos su amor y misericordia:

> *Oídme, oh casa de Jacob, y todo el resto de la casa de Israel, los que sois traídos por mí desde el vientre, los que sois llevados desde la matriz.*
>
> Isaías 46:3

Cuando Dios nos entreteje y nos deposita en el vientre de nuestra madre, ya Él nos escogió un nombre y un propósito. No nos subestima, sino que ve el depósito desde antes de ser un embrión. Esto es maravilloso entenderlo.

Muchos corren de un lugar a otro sin identidad, defraudados por la vida, más yo le digo a usted hoy: ¡Ore delante de su Padre Celestial y pídale que el llamamiento y el propósito con el que usted fue sellado desde antes de la fundación del mundo, sea desatado en este tiempo! Nunca es tarde para que el propósito de Dios se cumpla en nuestras vidas.

No nos pueden desanimar ni detener los fracasos o experiencias amargas que hemos vivido. Estas cosas no determinan quién es y tampoco su propósito en esta tierra.

Son los designios del Padre quien diseña tu propósito, o como algunos le llaman "destino" en la tierra, ahora, tú decides si quieres cumplir ese propósito divino o no:

> *Según nos escogió en él antes de la fundación del mundo, para que fuésemos santos y sin mancha delante de él…*
>
> Efesios 1:4

Dios es Omnipresente, está en todo lugar

¡Dios está en todas partes! Esa es una frase que hemos escuchado muchas veces. Sabemos que Dios es Padre, Hijo y Espíritu Santo. Esa es la Deidad, un Dios trino. De estas tres personas divinas, la presencia del Espíritu Santo es el que se hace latente en todo momento, la deidad en ti.

Sabemos que, si invitamos a Jesús a habitar en nuestro corazón, Él transforma nuestras vidas como lo hizo con cada persona que le recibió cuando estuvo en la tierra y lo sigue haciendo con todo aquel que lo recibe hoy:

Pero a todos los que le creyeron en él y lo recibieron, les dio el derecho de llegar a ser hijos de Dios.

Juan 1:12

Sabemos que, si lo recibes, dice la Palabra que nos convertimos en el templo del Espíritu Santo como promesa. Dios Padre es omnipresente. Lo define el Salmo 139:7-10:

¿A dónde me iré de tu Espíritu?
¿Y a dónde huiré de tu presencia?
Si subiere a los cielos, allí estás tú;
Y si en el Seol hiciere mi estrado, he aquí, allí tú estás.
Si tomare las alas del alba
Y habitare en el extremo del mar,
Aun allí me guiará tu mano,
Y me asirá tu diestra.

Él está en todo lugar, pero no habla o se revela en todo lugar.

Puede manifestarse de diferentes maneras a diferentes personas al mismo tiempo.

A Él no lo limitan el tiempo ni el espacio. Él vive en un eterno presente.

La ira es la respuesta de Dios al pecado humano. Es la expresión de su pasión por la santidad y la justicia, pero por amor en el nuevo pacto a través de Jesús quitó la ira:

> *Porque la ira de Dios se revela desde el cielo contra toda impiedad e injusticia de los hombres que detienen con injusticia la verdad.*
>
> *Romanos 1:18*

Este es un misterio que sobrepasa todas las leyes de la naturaleza conocidas:

> *¿Se ocultará alguno, dice Jehová, en escondrijos que yo no lo vea? ¿No lleno yo, dice Jehová, el cielo y la tierra?*
>
> *Jeremías 23:24*

Si, definitivamente las escrituras nos reafirman que Dios Padre ¡está en todas partes!

A través de este atributo, Dios posee un conocimiento total de todas las cosas y todo lo que acontece en todo momento y lugar. Una maravillosa combinación de dos de sus atributos, su amor incondicional y su omnipresencia, hacen que nos podamos sentir amados, cuidados, protegidos y nos reafirma como hijos de un rey. Así lo expresa este pasaje:

> *¿No se venden dos pajarillos por un cuarto? Con todo, ni uno de ellos cae a tierra sin vuestro Padre.*
>
> *Pues aun vuestros cabellos están todos contados.*
>
> Mateo 10:29-30

Aun las cosas más insignificantes a nuestro parecer, para Él son importantes. Dios es soberano sobre Su creación y conoce aún las intenciones de nuestro corazón y nuestros pensamientos.

Su omnisciencia descubre aun las cosas escondidas:

> *Y vino sobre mí el Espíritu de Jehová, y me dijo: Di: Así ha dicho Jehová: Así habéis hablado, oh casa de Israel, y las cosas que suben a vuestro espíritu, yo las he entendido.*
>
> Ezequiel 11:5

Dios es Omnipotente, todo lo puede, tiene poder sobre todas las cosas.

Nuestro Padre es omnipotente, su poder se manifiesta desde el principio de la creación.

Dios habla y por el poder de su palabra todo lo crea de la nada. No había materia prima, solo la fe de Dios:

> *Por la palabra de Jehová fueron hechos los cielos,*
> *Y todo el ejército de ellos por el aliento de su boca.*
>
> Salmo 33:6

En Génesis podemos ver su poder creativo cuando formó al hombre con tanto cuidado y de nuevo, su gran amor, le hizo crear a la mujer como compañera idónea, para que el hombre no estuviera solo.

Es ese mismo poder el que sustenta y preserva la creación.

Es asombroso comprender cómo Dios, día a día, a través de los siglos, ha provisto todo lo que el hombre y los animales necesitan para vivir.

El poder de Dios trasciende las leyes físicas y éste se revela en forma de milagros.

En el libro de Éxodo, podemos ver manifestaciones asombrosas del poder de Dios moviéndose a favor de su pueblo que estaba siendo esclavizado. Dios le solicitaba al Faraón de Egipto, el hombre más poderoso de aquellos tiempos, que dejase salir a su pueblo. Ante la negativa de este emperador, Dios Padre envió diez plagas a Egipto, ante los asombrados habitantes; cada plaga fue contra una deidad egipcia donde mostró que él es el Dios Todopoderoso, el único y verdadero Dios. Finalmente, el Faraón, debilitado por todos estos acontecimientos sobrenaturales que Dios Padre envió, dejó salir al pueblo de Israel. Sin embargo, su corazón era tan duro que cambió de opinión y envió los carruajes de su ejército a perseguirles. Este pueblo de a pie, iba a ser inevitablemente atrapado y regresado a Egipto. Entonces Dios le ordenó a Moisés tocar con su vara el Mar Rojo y el mismo se abrió para dejar pasar al pueblo. Este milagro ejecutado por el gran poder de Dios ha sido plasmado en dibujos, obras de arte y películas de Hollywood. La escena de un mar entero abriéndose para dejar pasar al pueblo de Dios es épica, es inolvidable y majestuosa. Aquí se combinan varias de las hermosas cualidades de Dios, su gran amor, su poder impresionante, su misericordia infinita y su intención de hacer cumplir Su Palabra. La historia completa se puede leer en el libro de Éxodo del Antiguo Testamento.

El poder de Dios Padre se hace manifiesto también a través de su Hijo. Jesús hizo milagros y maravillas. Durante los tres años de su ministerio terrenal Jesús:

- Alimentó a cinco mil personas con 5 panes y 2 peces (Marcos 6:35-44),

- Resucitó muertos (Marcos 5:35-43),

- Calmó tormentas (Marcos 14:22-33),

- Sanó multitudes de enfermos (Marcos 6:53-56).

Como he mencionado antes, Jesús siempre hizo la voluntad del Padre.

Capítulo 3
La relación del Padre con sus hijos

Aunque no está mencionada en la Biblia la palabra "Trinidad" implica que es un Dios trino, Dios Padre, Hijo y Espíritu Santo y ha sido revelado a nosotros a través de Jesús para que podamos entender mejor a nuestro Dios. Vemos a lo largo del Nuevo Testamento que el corazón del Hijo era complacer a su Padre y cumplir su voluntad por muy difícil que esta fuera. Cuando Jesús vino a la tierra a cumplir los planes del Padre, él estaba reaccionando al amor de Dios por la humanidad. Esa reacción es generada por la relación de ellos, la "trinidad" basada en el amor.

La palabra relación significa correspondencia o conexión que hay entre dos o más cosas. Trato o unión entre dos o más personas que produce interacción.

Para Jesús, su Padre es tan maravilloso que esto lo impulsó a entregarse en obediencia total. El amor cambia toda actitud en nuestra vida.

De igual manera que un hijo reacciona a un padre abusivo con rebeldía, violencia, odio y alejamiento, los hijos que han sido amados, por línea general, honran a sus padres. Es un ejemplo humano. Puedo imaginar la devoción y entrega total de Jesús motivada por el amor de un Padre perfecto.

Entre Dios Padre y su hijo Jesús existe una relación sublime que no cambia por su carácter eterno. A través de mis vivencias con Dios, he aprendido que el Padre busca esta misma relación con sus hijos adoptivos. Algo de gran importancia a entender, es que el Padre nos asegura su amor y su compromiso como Padre adoptivo al compartir la herencia de su Unigénito con nosotros a partes iguales. A través del sacrificio de Jesús, sacrificio de un Padre amoroso que entrega a su Hijo, nosotros podemos lograr esa conexión con nuestro Padre celestial que se había perdido por culpa del pecado, de la decisión del primer hombre de desobedecer las directrices de Dios para su vida. Pero luego de que Jesús pagó por nuestras transgresiones, podemos acercarnos al Padre y recibir su amor, conectándonos con Él a través de Jesucristo.

Jesús nos habla de los beneficios de ser hijo y establece que todo lo que tiene el Padre es nuestro:

Todo lo que tiene el Padre es mío; por eso dije que tomará de lo mío, y os lo hará saber.

Juan 16:15

Y continúa diciendo:

Todo lo mío es tuyo y lo tuyo mío, y he sido glorificado en ellos.

Juan 17:10

En el Antiguo Testamento vemos a Dios deseando una relación de Padre e hijo en todas las facetas que presenta esa relación. El espíritu de la paternidad fue una enseñanza en ese tiempo que se cumple después que vino Jesús a la tierra.

¿Qué significa ser padre?

La definición de padre es uno que engendra o adopta una función paternal. Es también origen o principio.

Un padre puede funcionar en sentido biológico o desde el punto de vista de responsabilidad social que escoge al adoptar a otra persona.

No es simplemente el que engendra desde el punto de vista biológico, sino que viene a ser una figura clave en el desarrollo y disciplina de una persona.

Padre es aquel que ocupa una posición de protección, provisión, consejo y deja un legado a sus hijos, ya sea congénito o adoptado.

En la antigüedad, en la familia hebrea, el padre tenía derechos de supremacía sobre sus hijos. Su autoridad era respetada. Estos son algunos ejemplos:

- **El poder de la vida y la muerte.** En Génesis 22:1-14 se relata cómo Dios Padre le pide a Abraham que sacrifique a su hijo. Esto para cualquier persona puede parecer una locura. Sobre este pasaje se ha predicado para poner en evidencia la fe de Abraham, su obediencia y cómo Dios le probó de una forma tan dramática. Muchas personas dicen que Abraham sabía que Dios no haría algo que fuera en contra de su voluntad, otras piensan que su fe era sencillamente ciega. No en vano, ha sido llamado el padre de la fe. Pero quiero hacer notar que, en aquel momento, el padre natural, en la cultura humana, tenía el poder de la vida y la muerte en sus manos con respecto a sus hijos. No por esto fue fácil para Abraham pasar esta prueba. Recomiendo la lectura de este pasaje para entender el nivel de fe y obediencia que Dios requería de este hombre, quien sería el encargado de liderar generaciones enteras en la fe.

- **Escogían los cónyuges de sus hijos.** En Génesis 24:1-61 vemos cómo Abraham siendo ya muy viejo, envía a su criado a escoger mujer de entre las hijas de su parentela, porque no quería que Isaac escogiera esposa de entre las cananeas, que era la tierra en la cual habitaban.

- **El padre instruía.** Proverbios 1:8 dice:

    Oye, hijo mío, la instrucción de tu padre, Y no desprecies la dirección de tu madre.

En otros pasajes se enfatiza la importancia de escuchar la instrucción del padre terrenal y habla de las consecuencias de no hacerlo.

- **El padre guiaba.** En el libro de Proverbios encontramos un versículo que enfatiza sobre la importancia de instruir a los hijos:

> *Instruye al niño en su camino, y aun cuando fuere viejo no se apartará de él.*
>
> *Proverbios 22:6*

En 1 de Tesalonicenses, 2, desde el verso 10, leemos:

> *Vosotros sois testigos, y Dios también, de cuán santa, justa e irreprensiblemente nos comportamos con vosotros los creyentes; así como también sabéis de qué modo, como el padre a sus hijos, exhortábamos y consolábamos a cada uno de vosotros.*

- **El padre reprende o disciplina**, cuando es verdaderamente necesario, recalcando que esta disciplina puede salvar al hijo:

> *Si soportáis la disciplina, Dios os trata como a hijos; porque ¿qué hijo es aquel a quien el padre no disciplina?*
>
> *Pero si se os deja sin disciplina, de la cual todos han sido participantes, entonces sois bastardos, y no hijos.*
>
> *Por otra parte, tuvimos a nuestros padres terrenales que nos disciplinaban, y los venerábamos. ¿Por qué no obedeceremos mucho mejor al Padre de los espíritus, y viviremos?*
>
> *Hebreos 12:7-9*

- **El padre castiga.** En la ley del Antiguo Testamento, los castigos del padre eran muy severos. Muchas personas se asustan de ver algunos ejemplos, como este en

Deuteronomio 21:18-21:

Si alguno tuviere un hijo contumaz y rebelde, que no obedeciere a la voz de su padre ni a la voz de su madre, y habiéndole castigado, no les obedeciere; entonces lo tomarán su padre y su madre, y lo sacarán ante los ancianos de su ciudad, y a la puerta del lugar donde viva; y dirán a los ancianos de la ciudad: Este nuestro hijo es contumaz y rebelde, no obedece a nuestra voz; es glotón y borracho.

Entonces todos los hombres de su ciudad lo apedrearán, y morirá; así quitarás el mal de en medio de ti, y todo Israel oirá, y temerá.

Así era de severa la ley y toda esta potestad se le daba al padre cuando sus hijos desobedecían. Pero es muy importante aclarar que, con el sacrificio de Jesús, estamos bajo la gracia, estos castigos, así como el cobrar "ojo por ojo y diente por diente", tan citado popularmente, fueron transformados por Jesús, quien vino a perdonar todas nuestras faltas y darnos la salvación por medio de su Sangre, a la cual tenemos acceso cuando le recibimos como nuestro Señor y Salvador.

- **El padre bendice:** La bendición del padre confería beneficios especiales y bendiciones. Es de gran importancia recibir la bendición de un padre, ya que esta puede alterar el curso de la vida.

En Génesis 27:1-40, podemos leer la historia de Jacob y Esaú. Este último, había sido enviado por su padre a cazar y al retorno recibiría la bendición del padre, que en la época marcaba el destino de los hijos. Isaac siendo muy viejo, quería bendecir a Esaú como heredero. Pero por propósito de Dios Isaac bendijo a Jacob en lugar de Esaú preservando así el linaje de Jesús. Este fue un acto de fe importante, con consecuencias que vivimos hasta el día de hoy, ya que marcó el destino de generaciones.

¿Qué significa ser hijo?

El hijo siempre hereda la naturaleza de su padre, por lo tanto, podemos asumir que existen similitudes entre padre e hijo. Ser hijo abarca tres facetas:

1. Por naturaleza: cuando es engendrado biológicamente.

2. Por inclinación: cuando hace la voluntad de otra persona por su propia voluntad o inclinación, se le refiere como el hijo del cual se hizo su voluntad.

3. Por mérito: cuando alguien es llamado hijo del diablo o de las tinieblas debido a su conducta u obras, no porque este lo haya engendrado, sino porque al ejecutar las obras del diablo llegan a ser como el diablo en esencia. Jesús fue contundente al expresar esto:

Vosotros sois de vuestro padre el diablo, y los deseos de vuestro padre queréis hacer. Él ha sido homicida desde el principio, y no ha permanecido en la verdad, porque no hay verdad en él. Cuando habla mentira, de suyo habla; porque es mentiroso, y padre de mentira.

Juan 8:44

Somos llamados hijos de Dios cuando somos redimidos por la sangre de Jesús derramada en la cruz y decidimos obedecerle al Padre.

Podemos establecer enfáticamente que Jesús es hijo de Dios Padre al estudiar su vida y comprender que fue engendrado en el mundo físico por el Padre. Jesús es Su hijo por inclinación y también por mérito.

Desde antes de la creación de los cielos y la tierra, las Sagradas Escrituras revelan a Dios Padre planificando y actuando a favor de la humanidad para proveer perdón y redención de todo pecado.

Se considera padre a todo aquel que tiene descendencia biológica; pero el Espíritu de la Paternidad se manifiesta a través de nosotros porque tenemos a Dios en nosotros.

Jesús ha existido desde la eternidad como una persona de la Deidad en la posición de Hijo. En otras palabras, nunca ha habido un tiempo en el que Él no fue Hijo de Dios Padre. Siempre ha existido la relación Padre-Hijo en la Deidad y existirá por la eternidad, nada ni nadie perturbará esta relación. El salió del Padre, regresó al Padre y está en el Padre:

Salí del Padre, y he venido al mundo; otra vez dejo el mundo, y voy al Padre.

Juan 16:28

No es simplemente un rol o un título que Jesús asume en un momento determinado de la historia de la humanidad, sino que esa es su identidad eterna.

Dios siempre ha sido Padre, esa es la esencia de su corazón y es ese corazón de Padre el que no le permite a Dios dejarnos sin redención y perdidos, separados de Él por la eternidad. Como papá que nos engendró en el espíritu, Él busca una solución para la separación causada por el pecado y salvarnos sin considerar el alto costo que esto exigía.

Gálatas 1:4 dice:

...el cual se dio a sí mismo por nuestros pecados para librarnos del presente siglo malo, conforme a la voluntad de nuestro Dios y Padre.

Y en Gálatas 4:4 leemos:

Pero cuando vino el cumplimiento del tiempo, Dios envió a su Hijo, nacido de mujer y nacido bajo la ley.

Esto lo llevó a cabo al enviar a la tierra a su Hijo Unigénito quien está con él a través de la eternidad:

Y aquel Verbo fue hecho carne, y habitó entre nosotros (y vimos su gloria, gloria como del unigénito del Padre), lleno de gracia y de verdad.

Juan 1:14

La solución del Padre para el pecado humano es Jesucristo. Cuando se habla del Hijo Unigénito, debemos saber que es un término que viene del griego *mono genes*:

mono: único

genes: descendiente

Podemos ver 2 significados:

1. Referente al único en su tipo de una relación específica. Este es el contexto atribuido a esta palabra en Hebreos 11:17. Abraham tuvo más hijos, pero Isaac fue el único que tuvo con Sara y el único hijo del pacto.

2. Habla de ser el único de su tipo o clase, único en su género. Existe uno solo. Ampliando el significado de *mono genes*, se refiere a la naturaleza, no al conocimiento u origen. Esta palabra no contiene la idea de engendrado. Este es el significado al que alude Juan 3:16; es la única vez que se utiliza esta palabra con referencia a Jesús.

Juan nos revela que en el contexto de Padre-Hijo Jesús es el único que comparte la misma naturaleza y atributos de Dios Padre:

> *Él es la imagen del Dios invisible, el primogénito de toda creación. Porque en él fueron creadas todas las cosas, las que hay en los cielos y las que hay en la tierra, visibles e invisibles; sean tronos, sean dominios, sean principados, sean potestades; todo fue creado por medio de él y para él.*

Y él es antes de todas las cosas, y todas las cosas en él subsisten; y él es la cabeza del cuerpo que es la iglesia, él que es el principio, el primogénito de entre los muertos, para que en todo tenga la preeminencia; por cuanto agradó al Padre que en él habitase toda plenitud, y por medio de él reconciliar consigo todas las cosas, así las que están en la tierra como las que están en los cielos, haciendo la paz mediante la sangre de su cruz.
Jesús es del mismo linaje que el Padre. Él es Dios. Jesús es hijo, pero a la vez es Dios y él y el Padre uno solo es.

Colosenses 1:15-20

Porque ¿a cuál de los ángeles dijo Dios jamás:
Mi Hijo eres tú,
Yo te he engendrado hoy, y otra vez:
Yo seré a él Padre,
Y él me será a mí hijo.

Hebreos 1:5

¿Por qué era necesario un nacimiento virginal?

El niño que María cargaba había sido engendrado por el Espíritu Santo. Esta joven virgen no había conocido varón, no había consumado su unión con José.

Desde el punto de vista físico, médico o biológico, el padre es la fuente, el que origina y da la existencia. Es el padre el que suministra la sangre del hijo, no la madre. Cualquier médico puede confirmar esto, la sangre en el hijo concebido es del padre biológico y el cromosoma del padre determina el sexo del hijo.

José no era el padre biológico de Jesús. Él era el Hijo Unigénito de Dios, tenía la naturaleza del Padre Celestial. Fue concebido por obra y gracia del Espíritu de Dios.

Colosenses 1:15 lo explica así:

Él es la imagen del Dios invisible...

En otras palabras, Jesús es y será uno con el Padre. Por eso Jesús decía: El que me ve a mí ha visto al Padre.

Durante los 9 meses de gestación la sangre del bebé jamás se mezcla con la sangre de la madre.

Wikipedia lo explica de esta manera:

Uno de los trabajos de la placenta es asegurar que la sangre de la madre y el feto jamás se mezclen. La placenta funciona como un agente de intercambio entre la madre y el feto. Nutrientes y oxígeno son transferidos por difusión solamente. Si la sangre de la madre y él bebé se mezclan, podría ser fatal para ambos.

¡Qué plan tan excelente y brillante el de nuestro Dios!

La vida física o humana de Jesús es el resultado directo de la obra del Padre, que, a través del Espíritu Santo, lo engendra en el vientre de María. Él tuvo una participación activa.

Capítulo 4
El ADN del Padre

Todo ser humano posee una genética física y espiritual la cual heredó de sus antepasados ancestros. Esto apunta hacia la unicidad del ser humano. Dentro de cada persona convive el ADN físico y el espiritual. Poseemos rasgos físicos y comportamientos los cuales han sido almacenados en nuestro ADN. Estos influencian nuestras vidas de manera directa, son nuestra herencia.

La evidencia revelada a través de las Escrituras, donde Jesús describe su relación con el Padre de igualdad y unidad, es irrefutable.

Él dijo:

Yo y el Padre somos uno.

Juan 10:30

La gloria que me diste les he dado, para que sean uno, así como nosotros somos uno.

Juan 17:22

Esta unidad tiene un doble carácter. Jesús es uno con el Padre en voluntad; en su determinación, deseo y propósito, pero también había un aspecto oculto que los unía. Ellos comparten el mismo ADN.

Dios Padre fue el progenitor de la genética de Jesús. Los genes son transmitidos de generación en generación. Un padre puede transmitir vida o muerte, enfermedad o salud.

El ejemplo perfecto es Adán, quien fue creado perfecto y después de la caída este transmitió en su ADN espiritual la desfiguración genética que causó el pecado al resto de las generaciones hasta el día de hoy:

> *Por tanto, como el pecado entró en el mundo por un hombre, y por el pecado la muerte, así la muerte pasó a todos los hombres, por cuanto todos pecaron.*
>
> Romanos 5:12

El ADN tiene en su código genético la orden de replicarse. Desde que nacemos tenemos la naturaleza caída de Adán en nuestro código genético espiritual:

> *Y de una sangre ha hecho todo el linaje de los hombres, para que habiten sobre toda la faz de la tierra; y les ha prefijado el orden de los tiempos, y los límites de su habitación.*
>
> Hechos 17:26

Son ambos padres quienes determinan que será transmitido a sus hijos a través de su genética. Esto es un principio o ley espiritual que fue instituida por Dios en Génesis:

De un padre saludable es muy posible que nazcan hijos saludables. De una genética torcida, posiblemente salgan hijos con caminos torcidos:

> *Y creó Dios los grandes monstruos marinos, y todo ser viviente que se mueve, que las aguas produjeron según su género, y toda ave alada según su especie. Y vio Dios que era bueno.*
>
> *Luego dijo Dios: Produzca la tierra seres vivientes se-*

gún su género, bestias y serpientes y animales de la tierra según su especie. Y fue así. E hizo Dios animales de la tierra según su género, y ganado según su género, y todo animal que se arrastra sobre la tierra según su especie. Y vio Dios que era bueno.

Génesis 1:21, 24, 25

Al conocer a Dios como nuestro Padre Celestial encontramos nuestra verdadera identidad. Es Su paternidad la que nos da carácter y naturaleza espiritual y nos conecta con su verdadera esencia.

¿Qué contiene el ADN de Dios?

El ADN de un ser vivo lleva información genética, o genes que tienen propósitos de información, componentes, propósitos estructurales y regulan la formación genética del ser vivo. Llega a través de la semilla o simiente del padre que se va heredando de generación a generación.

Espiritualmente la palabra en 1 Juan 3:9 dice:

Todo aquel que es nacido de Dios, no practica el pecado, porque la simiente de Dios permanece en él; y no puede pecar, porque es nacido de Dios.

Semilla o simiente es el ADN que está física (a través de herencia humana) y espiritual (a través del Padre Celestial) en cada persona.

Espiritualmente hablando, la semilla o simiente o ADN es la característica del Padre en nosotros. Este ADN contiene la esencia de Dios mismo en nosotros: eternidad, amor, justicia, misericordia, mansedumbre.

Lo más maravilloso de nuestra herencia es que fuimos hechos a imagen y semejanza de Dios, con sus atributos.

Las cualidades de su naturaleza en nosotros son: capacidad para escoger entre el bien y el mal, libre albedrío, amor, justicia e inmortalidad espiritual.

Jesús se identifica con el Padre en su esencia y naturaleza. Son iguales:

...fortalecidos con todo poder, conforme a la potencia de su gloria, para toda paciencia y longanimidad;
Con gozo dando gracias al Padre que nos hizo aptos para participar de la herencia de los santos en luz;
El cual nos ha librado de la potestad de las tinieblas, y trasladado al reino de su amado Hijo,
En quien tenemos redención por su sangre, el perdón de pecados.
Él es la imagen del Dios invisible, el primogénito de toda creación.

Colosenses 1:11-15

...el cual, siendo el resplandor de su gloria, y la imagen misma de su sustancia, y quien sustenta todas las cosas con la palabra de su poder, habiendo efectuado la purificación de

nuestros pecados por medio de sí mismo, se sentó a la diestra de la Majestad en las alturas,

Hebreos 1:3

La palabra imagen significa total y absolutamente igual a; proviene de una palabra griega *Eikon* o icono en español.

Cuando la Escritura dice que Él es la imagen del Dios invisible, significa que el que ve a Jesús, está viendo a alguien que es total y absolutamente igual al Padre.

En el mundo tecnológico para operar una computadora y seleccionar la imagen o la información a la que queremos acceso, es necesario seleccionar un ícono que es la imagen representativa o distintiva de lo que deseamos ver.

Esto es lo que Jesús estaba revelando a los hombres, el que me ve a mí, el ícono del Padre ya lo vio a Él, yo soy la imagen visible del Dios invisible:

Yo y el Padre uno somos.

Juan 10:30

Este concepto es interesante y relevante a nuestra relación con Dios. Jesús dijo en Juan 14:6

Yo soy el camino, la verdad, y la vida; nadie puede ir al Padre si no es por medio de mí."

En nuestro lenguaje: Yo soy el ícono a través del cual llegas hasta donde está el Padre:

> *...que si confesares con tu boca que Jesús es el Señor, y creyeres en tu corazón que Dios le levantó de los muertos, serás salvo. Porque con el corazón se cree para justicia, pero con la boca se confiesa para salvación.*
>
> *Romanos 10:9-10*

Jesús habla del Padre con una intimidad sin paralelo pues él tenía una relación íntima con El mientras caminó en esta tierra.

La Biblia amplificada dice así:

> *Ningún hombre ha visto a Dios en ningún momento, el hijo unigénito o el único Dios engendrado que está en el seno de la intimidad del Padre. Él lo ha declarado, Él lo ha revelado y Él lo ha sacado donde Él pueda ser visto, Él lo ha interpretado y lo ha dado a conocer.*
>
> *Juan 1:18*

El significado de intimidad es: Relación muy estrecha y de gran confianza. Aspecto interior o profundo de una persona que comprende sentimientos y pensamientos muy personales de gran valor.

Durante su ministerio terrenal Jesús comenzó a predicar un evangelio muy diferente a lo que los religiosos judíos de aquella época conocían o entendían acerca de Dios Padre.

Hablaba del Padre con amor y lo llamaba Abba que en el original hebreo quiere decir fuente de vida, y en arameo que denota cariño entrañable, respeto, admiración. Es la primera palabra que un bebé aprendía, y hasta el día de hoy.

Jesús se dirigía así al Padre demostrando su amor, intimidad y su sometimiento a los designios del Padre como un niño obedece a su papá al cual respeta, confía y admira como a ningún otro.

Aún en los momentos más críticos en la vida de Jesús, donde es palpable su humanidad, se dirige al Padre con amor:

Yéndose un poco adelante, se postró en tierra, y oró que, si fuese posible, pasase de él aquella hora.

Y decía: Abba, Padre, todas las cosas son posibles para ti; aparta de mí esta copa; mas no lo que yo quiero, sino lo que tú.

Marcos 14: 35-36

El enfoque del ministerio de Jesús era complacer al Padre al obedecer su voluntad.

Revelar el corazón del Padre a una generación perdida, enferma, y oprimida por el diablo.

¿Cuál es la esencia del corazón de Dios?

Dios es amor en su máxima expresión, amor perfecto. La esencia del corazón de Dios es el amor hacia el ser humano. Jesús nos muestra ese amor del Padre incomparable e incomprensible al enviarlo a Él a morir por un mundo sumido en tinieblas.

¿Qué hizo Jesús que revelaba el corazón del Padre?

- Enseñaba:

...porque les enseñaba como quien tiene autoridad, y no como los escribas.

Mateo 7:29

- Predicaba:

Y recorrió Jesús toda Galilea, enseñando en las sinagogas de ellos, y predicando el evangelio del reino, y sanando toda enfermedad y toda dolencia en el pueblo.

Mateo 4:23

- Sanaba enfermos:

Y le siguieron grandes multitudes, y los sanó allí.

Mateo 19:2

- Echaba fuera demonios:

Y cuando llegó la noche, trajeron a él muchos endemoniados; y con la palabra echó fuera a los demonios, y sanó a todos los enfermos.
Para que se cumpliese lo dicho por el profeta Isaías, cuando dijo: Él mismo tomó nuestras enfermedades, y llevó nuestras dolencias.

Mateo 8:16-17

También hacia milagros:

- Resucitaba muertos:

Mientras estaba todavía hablando, vino alguien de la casa del oficial de la sinagoga, diciendo: Tu hija ha muerto; no molestes más al Maestro. Pero cuando Jesús lo oyó, le respondió: No temas; cree solamente, y ella será sanada. Y cuando Él llegó a la casa, no permitió que nadie entrara con Él sino sólo Pedro, Juan y Jacobo, y el padre y la madre de la muchacha. Todos la lloraban y se lamentaban; pero Él dijo: No lloréis, porque no ha muerto, sino que duerme. Y se burlaban de Él, sabiendo que ella había muerto. Pero Él, tomándola de la mano, clamó, diciendo: ¡Niña, levántate! Entonces le volvió su espíritu, y se levantó al instante, y Él mandó que le dieran de comer. Y sus padres estaban asombrados; pero Él les encargó que no dijeran a nadie lo que había sucedido.

Lucas 8:49-56 (LBLA)

- Suplía necesidades:

Jesús dijo: Haced que la gente se recueste. Y había mucha hierba en aquel lugar. Así que los hombres se recostaron, en número de unos cinco mil. Entonces Jesús tomó los panes, y habiendo dado gracias, los repartió a los que estaban recostados; y lo mismo hizo con los pescados, dándoles todo lo que querían. Cuando se saciaron, dijo a sus discípulos: Recoged los pedazos que sobran, para que no se pierda nada. Los recogieron, pues, y llenaron doce cestas con los pedazos de los cinco panes de cebada que sobraron a los que habían comido.

Juan 6:10-13

La realidad es que Jesús, siendo Dios y teniendo en Él todos los atributos dentro de la Deidad, desplegó un comportamiento admirable y una gran reverencia y respeto hacia su Padre. Reveló a Dios como el Padre de una manera que no se conocía en el Antiguo Testamento. Lo honró en todo momento y no hizo o dijo nada sin el consentimiento del Padre, aunque Él era Dios y tenía poder para hacer cualquier cosa.

Respetó las asignaciones que el Padre había preparado.

Siempre atribuyó las enseñanzas que impartía a su Padre en los cielos, reconociendo su grandeza y que el Padre es mayor que todos.

Estuvo siempre sujeto a la autoridad del Padre y lo reconoció en todo momento.

Jesús el Revelador, el que descubre o despliega al Padre para que podamos comprender la magnitud y la profundidad de su amor y podamos amarlo con el mismo amor entrañable que Jesús lo ama.

Capítulo 5
El misterio del velo rasgado y el acceso al Padre

En las sagradas escrituras el velo significa separación. Para Dios Padre era importante restaurar la comunión con el hombre y quitar el velo que impedía esa relación íntima. La separación nunca fue su intención, y para anular el velo debía hacerse con base legal.

En este capítulo explico el proceso por el cual Dios atraviesa para lograr su deseo y estar cerca de su creación.

Después de 430 años de cautiverio en Egipto, Israel es puesto en libertad por la intervención directa de Dios y son guiados al desierto por Moisés, el mejor líder por excelencia escogido.

En el año 1446 A.C. Israel celebra la primera Pascua y esa noche sale de Egipto. Cincuenta días después, al pie del Sinaí, Dios le entrega el decálogo a Moisés y el diseño del Tabernáculo. Nueve meses más tarde es edificada en el desierto, la primera morada de Dios en la tierra, el Tabernáculo, esa estructura funcionó por 440 años.

Dios le dice a Moisés que esta estructura debía ser estrictamente igual al modelo que se le había mostrado. Esto aparece en el libro de Éxodo, Capítulo 25.

Tenía un patio o atrio, donde se ofrecían los animales para el sacrificio, allí estaba el altar de bronce y el lavacro. Aquí funcionaban los levitas y podían estar aquellos oferentes que estaban ceremonialmente limpios.

En el lugar santo estaba la mesa de los panes de la proposición, el altar de incienso y la *Menorah*. Sólo los sacerdotes del linaje de Aarón podían entrar a ministrar aquí. Esto era un alto privilegio.

El lugar santísimo era el lugar donde reposaba la *Shekhiná* (Gloria) de Dios. Estaba separado por una cortina que dividía el lugar santo del lugar santísimo.

Aquí estaba el arca del pacto y el acceso a la presencia divina estaba restringido para todos, excepto para el sumo sacerdote y este sólo podía entrar ante la presencia una vez al año como intermediario entre Dios y el pueblo de Israel, donde en el día de la celebración de la expiación, se obtenía el perdón de pecados para la nación, hasta el próximo año.

El único acceso al Padre estaba limitado y sólo se podía entrar al lugar santísimo rociando la sangre inocente de los animales sacrificados, dando Dios a entender que ningún hombre tiene acceso al Padre a menos que se cumplan sus estipulaciones. La entrada, la comunión y la comunicación con el trono de Dios eran estrictamente prohibidas a todo ser humano, excepto el sumo sacerdote. Este, obviamente, no era el plan original del Padre quien en el principio descendía al huerto del Edén en las tardes para tener comunión con Adán y Eva, como se expresa en el libro de Génesis:

Cuando soplaba la brisa fresca de la tarde, el hombre y su esposa oyeron al Señor Dios caminando por el huerto. Así que se escondieron del Señor Dios entre los árboles.

Genesis 3:8

El tabernáculo fue el único lugar donde Dios registró Su nombre.

El único lugar de adoración establecido. El único lugar para todo el ministerio sacerdotal. La única habitación de Dios en medio de su pueblo.

El lugar santísimo era el lugar más trascendente para Israel. Aquí Dios se manifestaba en persona con todo Su poder.

El velo representa en el tabernáculo una puerta cerrada, una separación de la presencia de Dios, un recordatorio constante de que el pecado separa al hombre de la presencia de Dios.

Cerca al año 960 A. C. es terminado el templo de Salomón, para este entonces el tabernáculo cesó sus funciones.

Este templo estuvo en pie 410 años hasta que Dios envía a Nabucodonosor y destruye el templó y a Jerusalén. Casi todo Israel es llevado cautivo a Babilonia por 70 años.

En el 538 A. C. el edicto de Ciro permite a los hebreos regresar a Jerusalén y en el 516 A. C. se completa la reconstrucción del templo bajo el liderazgo de Zorobabel, Nehemías y Esdras.

Más tarde Herodes expande el templo y es el lugar donde vemos a Jesús enseñando durante su ministerio terrenal.

En el templo de Herodes, el velo que separaba el lugar santo del lugar santísimo tenía 69 pies de alto x 34 pies de ancho y 4 pulgadas de grueso. Era tan pesado que se necesitaban 300 sacerdotes para colgarlo.

Los evangelios sinópticos describen un acontecimiento profético que revela una verdad espiritual, hermosa y significativa. En el mismo momento en que Jesús, el hijo de Dios, muere en la cruz, el velo del templo se rasgó en dos de arriba hacia abajo:

> *Y he aquí, el velo del templo se rasgó en dos, de arriba abajo, y la tierra tembló y las rocas se partieron.*
>
> *Mateo 27:51*

Hebreos 9:8 explica que el camino al lugar santísimo aún no se había manifestado:

> *Mediante esas ordenanzas, el Espíritu Santo daba a entender que la entrada al Lugar Santísimo no estaba abierta a todos en tanto siguiera en pie el tabernáculo y el sistema que representaba.*

A través de la sangre que Jesús ofreció como nuestro sumo sacerdote según el orden de Melquisedec, se manifestó un camino nuevo hacia el lugar santísimo y este queda abierto para aquellos que, a través de la fe en Cristo Jesús, el mediador de un mejor pacto, quieran acercarse a Dios:

> *Así que, hermanos, teniendo libertad para entrar en el Lugar Santísimo por la sangre de Jesucristo, por el camino nuevo y vivo que él nos abrió a través del velo, esto es, de su carne.*
>
> *Hebreos 10:19-20*

El velo era símbolo de Jesús mismo, el único camino al Padre:

Jesús le dijo: Yo soy el camino, y la verdad, y la vida; nadie viene al Padre, sino por mí.

Juan 14:6

El único ejecutor, que viene a establecer un cambio radical en cómo nos relacionamos con Él, muestra su gran amor.

Jesús estaba soltando su último aliento de vida en la tierra y el Padre que anticipadamente esperaba este momento ¡rasgó el velo!

No esperó a que lo sepultaran o a que resucitara, tampoco importó que el *Sabbat* o día de descanso estuviera por comenzar y toda actividad debía cesar. ¡Él no pudo esperar más! Como esperaba a la orilla del camino el padre del hijo pródigo, así esperaba Dios Padre a su Hijo que vivió en la tierra sin pecado, que consumó la obra perfecta. El Padre esperó a que el sacrificio de Jesús se cumpliese con los requerimientos de la ley y pagara por nuestros pecados para tomar acción. ¡Hacía tanto tiempo que anhelaba este momento, desde la eternidad!

El Padre estaba ahí presente y al igual que en la parábola del hijo pródigo, Él no estaba preocupado por el hijo obediente, ese siempre estaría con Él…. Pero los otros…. Esos eran los que causaban punzadas de dolor en el corazón del Padre y ese día mientras Jesús agonizaba, el Padre comenzó a contar los últimos respiros de Jesús, poco a poco respiraba, jadeaba y cada vez fueron menos hasta que con su último aliento, muere y el Padre rasga el velo… para ti y para mí….

Estábamos muertos espiritualmente, separados de Dios, pero ahora tenemos vida; perdidos y fuimos hallados y ahora tenemos vida eterna. Gracias a la obediencia del Hijo y al Padre que permitió que el Hijo muriera por nosotros.

Alguien dijo en algún lugar que la salvación es gratis, pero nada más lejos de la verdad. El sacrificio que compró nuestro perdón, liberación y vida eterna tocó en manera muy profunda a Dios Padre, Dios Hijo, y Dios Espíritu Santo quienes pagaron un gran precio.

Quizá te preguntes porque ellos pagaron ese gran precio si es Dios, ¿fueron afectados? ¿hubo agonía?

Tenemos que aprender primeramente que Dios Padre, Hijo y Espíritu Santo son una persona.

¿Qué constituye una persona? El poseer atributos como amar, hablar, tener sentimientos, intelecto y voluntad.

Somos capaces de relacionarnos con Él, basado en estos atributos los cuales Dios puso en nosotros, según su imagen y semejanza. Esto es lo que constituye una persona y no necesariamente si reside en un cuerpo o no.

Dios Padre es considerado una persona, pero Él no tiene un cuerpo como los que conocemos. Pero sí tiene emociones

- Puede ser afligido.

En Efesios 4:30, se nos dice que Dios en la persona del Espíritu Santo, puede ser contristado:

Y no contristéis al Espíritu Santo de Dios, con el cual fuisteis sellados para el día de la redención.

- Puede ser resistido:

    ¡Duros de cerviz, e incircuncisos de corazón y de oídos! Vosotros resistís siempre al Espíritu Santo; como vuestros padres, así también vosotros.

    Hechos 7:51

- Puede ser apagado:

    No apaguéis al Espíritu.

    1 Tesalonicenses 5:19

- Puede ser enojado:

    Mas ellos fueron rebeldes, e hicieron enojar su santo espíritu; por lo cual se les volvió enemigo, y él mismo peleó contra ellos.

    Isaías 63:10

¿Cree usted que el proceso de Jesús en la tierra no afectó a su Padre? ¿Cree usted que esto no costó dolor?

Por supuesto que sí hubo un desprendimiento espiritual que la Deidad nunca había experimentado. Ellos habían sido uno intrínsecamente desde la eternidad.

Unidad significa propiedad que tienen las cosas de no poder dividirse ni fragmentarse sin alterarse o destruirse, también significa, único, absoluta e indivisible; una misma mente, un solo corazón, un propósito y una meta.

Ellos, Padre, Hijo y Espíritu Santo desde la eternidad han sido uno, entre ellos nunca ha existido el desacuerdo, la competencia, fricción, ¡jamás!

Las funciones de la Deidad:

- Dios Padre es el que planea.
- Dios Hijo es quien ejecuta.
- Dios Espíritu Santo revela lo que el Padre planeó y el hijo ejecutó.

Son un solo Dios.

Capítulo 6
Cuando pensamos que el Padre nos ha desamparado

¿Cuál fue la única queja de Jesús en la cruz? ¿Tengo dolor? ¿Por qué me abandonaron mis discípulos? ¿Mi amigo me traicionó y me vendió? ¿Por qué permites que me hagan estas cosas tan brutales si tú bien sabes que soy inocente?

¿Nada de esto salió de su boca.... Su única queja fue ¿Por qué me has desamparado?

Mientras Jesús agonizaba en la cruz del Calvario unos minutos antes de morir exclama: *¿Eloi, Eloi, lama sabactani?* que traducido es: ¡Dios mío, Dios mío! ¿Por qué me has desamparado?

¿Quién puede contarle a Jesús lo que es estar separado del Padre, sin comunión con Él y en las garras del pecado, cuando todos los pecados del mundo fueron puestos sobre Él? Esto fue por segundos, porque en ese momento estaba cargando con todos los pecados de la humanidad y eso lo separaba del Padre, pero era necesario para que la muerte tomara su lugar y luego el Hijo la venciera, al ser resucitado por el Padre:

> *Al que no conoció pecado, por nosotros lo hizo pecado, para que nosotros fuésemos hechos justicia de Dios en él.*
>
> *2 Corintios 5:21*

Desamparar significa privar del amparo que se concedía, pues para desamparar ahora, es necesario haber amparado antes. El que nos desampara nos priva de un bien, el que nos abandona, de su auxilio y favor contra una desgracia o mal que nos amenaza.

La profundidad de la queja de Jesús a punto de morir es insondable.

¿Qué estaba diciendo Jesús en este momento? ¿Por qué no tiene ninguna de las cosas antes mencionadas como algo importante?

En esta vida nada tiene verdadera importancia, todo, absolutamente todo, se vuelve insignificante ante la posibilidad de la ausencia de Dios en nuestra vida.

Jesús estaba diciendo con su queja, así como jadeaba y moría: "Puedo enfrentarlo todo, sobre pasarlo todo, perdonarlo todo, menos tu ausencia de mi vida". Literalmente la vida se escapaba de Él. ¡Qué experiencia!

No sólo demuestra su amor por el hombre sino, también por el Padre; Él conocía bien la preocupación del Padre por el ser humano, ahora perdido en tinieblas por la eternidad.

El Padre le dio la espalda a su Hijo para no tener que hacerlo con usted, escondió su rostro de Él en el peor momento para entonces hacer que su rostro resplandezca sobre usted en el momento de su necesidad.

Sabemos sin lugar a duda, que el Padre nos escucha en el día de la aflicción, Él nunca me dará la espalda, por causa de la obediencia de Jesús en la cruz:

Sean vuestras costumbres sin avaricia, contentos con lo que tenéis ahora; porque él dijo: No te desampararé, ni te dejaré.

Hebreos 13:5

Jesús fue trasladado del reino de su luz admirable a las tinieblas, Él hizo el viaje en dirección opuesta, tomó el camino de usted para ponerse como puente y así trasladarnos a nosotros de las tinieblas, a Su luz admirable.

La última experiencia de Jesús fue el estar completamente destituido, desterrado de la presencia del Padre, eso y sólo eso causó que gritara y reclamara "¿por qué?"

Se imagina usted que todo alrededor suyo sea lo negativo que vivió Jesús en ese momento: la falsedad, la traición, desamor, la injusticia, los golpes, sufrimientos, etc. ¿Podría usted solo preocuparse o concentrase en no perder la presencia y la comunión con Dios? ¿Podría usted ponerse en la cruz en vez de Jesús y solo buscar o preocuparse por su presencia y por no contristar al Espíritu Santo?

Su pensamiento era: ¿Abba estás a mi lado? ¿Qué puedo hacer para agradarte, para complacerte? Su pensamiento era y estaba solo en el Padre.

Recuerdo que hace varios años un miembro de mi familia con quien tenía una estrecha relación, murió de cáncer. Fue una experiencia muy dolorosa donde los hijos de una joven quedaron huérfanos. Estuve orando, ayunando, clamando y decretando la palabra de Dios sobre aquella persona durante todo el proceso que duró varios años y ella terminó muriendo un día de las madres. Recuerdo que estuve en silencio por varios días y aunque me costó reconocerlo, estaba enojada con el Señor. Me sentía defraudada, la fe no me había servido para nada, pensaba yo. Lloré la muerte de aquella joven y lloré porque pensé que Dios en su omnipotencia había escogido ignorar mi clamor. Una tarde decidí reanudar mi diálogo con Dios, entre usted y yo, aunque estaba disgustada, añoraba la comunión y la presencia de Dios, así es que comencé a orar y le pregunté al Señor, ¡Dios mío! ¿Qué pasó? ¿Por qué no me quisiste contestar? (En teoría había hecho todo lo que me habían enseñado). ¿Cómo es que no te importa que los hijos de esta mujer se queden solitos? ¡Son tan pequeños! ¡No te entiendo Señor!

Puedo decirle que la respuesta a mi corazón no se hizo esperar.... Él me estaba esperando y me dijo así:

> Hija, durante el proceso ella me entregó su corazón y se reconcilió conmigo. Era la única ventana de oportunidad para que entrara a la vida eterna.

Ese día estuve en silencio por mucho tiempo. Jamás se me hubiese ocurrido semejante cosa, en ningún momento consideré las implicaciones de la vida eterna. Sólo me concentré en lo que veía, el ahora, el corto tiempo en la tierra.

Él, en su infinito amor, pensó en la eternidad de aquella mujer. ¿Quién puede argumentar cosa alguna ante semejante respuesta?

Lloré aún más pero ahora por una razón muy diferente. Pedí perdón por haber pensado mal del Señor, pedí perdón por no entender el corazón ni los propósitos del Padre.

Lloré porque pude vislumbrar el peso de la eternidad y cuán importante es para el Padre que entremos al lugar correcto una vez que partimos de la tierra.

Qué hermoso es comprender estas verdades. Ver el corazón del Padre tal como es Él, lleno de amor que es inmensurable, es una pasión sin límites lo que lo lleva a Él a arriesgar y exponer a su Unigénito.

¡Bendito sea el Dios Padre de nuestro Señor Jesucristo!

En el Nuevo Testamento el apóstol Juan es llevado al templo celestial y este estaba abierto. En el libro de Apocalipsis Dios nos revela mucho de lo que son los lugares celestiales y la morada que ha preparado para nosotros:

Después de estas cosas miré, y he aquí fue abierto en el cielo el templo del tabernáculo del testimonio;

Apocalipsis 15:5

Jesús derribó la separación entre Dios y el hombre. Por eso se le llama el segundo Adán, el primero hablaba con Dios y paseaba con Él cara a cara hasta que desobedeció y cayó. Jesús viene a restaurar esa relación de comunión íntima:

Pero ahora en Cristo Jesús, vosotros que en otro tiempo estabais lejos, habéis sido hechos cercanos por la sangre de Cristo.

Porque él es nuestra paz, que de ambos pueblos hizo uno,

derribando la pared intermedia de separación.

Efesios 2:13-14

La historia que les compartí es algo con la que muchas personas se identifican. Tenemos preguntas, pero nuestra mente humana no alcanza a descifrar la eternidad para la cual nuestro Padre nos ha creado. Quizás para que las personas puedan seguir en esta vida y cumplir su propósito, Dios no ha revelado por completo lo que sería nuestra vida junto a Él, pero nos ha dado instrucciones para alcanzarla. Unos parten de este mundo antes que otros y es doloroso, pero los designios de Dios son irrefutables y no debemos tomar nuestro propio juicio para enojarnos o resentirnos cuando Él se lleva a un hijo o hija suya antes que a los demás. Este es el tiempo de pedirle perdón al Padre por juzgarlo, por acusarlo de ser quien ocasiona las calamidades y los problemas en nuestras vidas. Por no entender quién es Él o sus propósitos.

Este es el tiempo del perdón y de buscar comunión. A esto vino Jesús a la tierra.

Te invito a hacer esta oración si has estado algún día como estuve yo y cuestionaste a Dios como lo hice yo:

Padre amado, perdóname por haberte juzgado tal vez sin tomar en cuenta la eternidad y tus propósitos. Entiendo ahora que tus pensamientos y tus caminos son más altos que los míos y no siempre te podré comprender, pero si puedo aceptar tu voluntad en mi vida. Gracias porque también me perdono a mí mismo y la paz que sobrepasa todo entendi-

miento es restaurada en mi corazón. *Nunca más me apartaré de ti. Gracias por enviar a Jesús, mi substituto y darme vida eterna a través de Él. En el nombre de Jesús. ¡Amen!*

La gran mayoría de las personas tienen conceptos errados acerca de Dios dentro de nosotros. En nosotros hay una promesa que es una verdad: Dios todo lo puede, para Él nada es imposible. Estemos conscientes o no de esto, la aceptemos o no, esa información está en nosotros entonces pensamos que, si todo lo puede, pues entonces Dios puede contestar cualquier oración y hacer todo lo que le pedimos y si Él no lo hace entonces es injusto, cruel y malo.

Debemos entender que Dios no es un monigote al que podemos manipular según nuestros deseos y agendas propias.

El hombre sólo alcanza a visualizar lo que está aconteciendo en su vida y con relación a su persona y familia inmediata. El hombre funciona desde la base del egoísmo.

Pero Dios nos ve desde el contexto de la eternidad y a través del propósito que sembró en nuestras vidas y cómo lo que hacemos y decidimos afecta positiva o negativamente a los que están a nuestro alrededor; en otras palabras, Él lo ve todo: lo que pasó, lo que pasa y lo que pasará. Esto nos muestra que Dios funciona desde la base de la justicia.

Capítulo 7
El poder legislativo del Padre

Recuerdo una canción infantil que dice: "Dios es tan grande que puede regir el universo y tan pequeño que puede vivir en tu corazón".

La grandeza de Dios, sus atributos, su omnipotencia, omnisciencia, omnipresencia y eternidad, seguirán siendo un misterio incomprensible para el ser humano. Lo bueno es que, aunque no lo podamos explicar, lo podemos creer ¡y eso es suficiente! Que para Dios todo es posible y que Él es Omnipotente es una verdad irrefutable plasmada en las Sagradas Escrituras…. Pero si Él actuara exclusivamente desde este contexto, haciendo como le place, entonces regiría el universo como un tirano que hace según lo que Él quiere.

El reino de Dios está regido por principios o leyes espirituales: preceptos, mandamientos e instrucciones. Vamos a repasar algunos conceptos para entender mejor su repercusión en nuestra vida espiritual:

Ley: Regla o norma establecida por una autoridad superior para regular de acuerdo con la justicia, algún aspecto de las relaciones sociales.

Precepto: Estatuto o regla que constituye la base moral o ética de algo.

Mandamiento: Orden dada por alguien con autoridad para hacerlo, algo de carácter obligatorio.

Desde la fundación del mundo han existido principios espirituales que funcionan y gobiernan tanto el ámbito espiritual como el físico.

Las leyes de Dios son neutrales, no toman en consideración si una persona es buena o mala, creyente o incrédula. Estas son automáticas y consistentes.

Las Escrituras muestran que Dios es el único y verdadero legislador:

Uno solo es el dador de la ley, que puede salvar y perder; pero tú, ¿quién eres para que juzgues a otro?

Santiago 4:12

¿Qué es un legislador? La definición en castellano es la siguiente: Aquel que establece o redacta leyes.

Dios también ejecuta los dictámenes del tribunal de justicia. Él tiene *poder ejecutivo*, este garantiza el cumplimiento de las leyes desarrolladas.

Tiene *poder judicial*, administra la justicia mediante la aplicación de normas jurídicas.

Tiene *poder legislativo*, el dictamen y aprobación de leyes.

La unidad de todos los poderes puede considerarse justificada por considerar que la fuente de poder es Dios, no hay uno más alto, sublime o poderoso que Él, por lo tanto, el pacto y las leyes los establece Él, y también jura por Él mismo, no habiendo uno mayor.

La justicia es el cimiento del trono de Dios.

La justicia no es otra cosa que una posición o comportamiento rectos de acuerdo con una norma ética.

La justicia nos impulsa a hacer el bien, lo correcto y cumplir las leyes, mandamientos y preceptos de la Palabra de Dios.

Dios se revela como el juez divino que preside desde una sala de justicia o corte, donde se llevan a cabo procedimientos legales, juicios, demandas judiciales, donde se encuentran demandantes, fiscales, abogados, defensores y acusados.

La desobediencia desata una serie de leyes espirituales que operan en la vida del que las pone en acción. Una de ellas es la ley de causa y efecto, esta ley siempre está en vigor y dicta que cada acción que se toma tiene una consecuencia. Sea buena o sea mala, el resultado depende de sus acciones.

Algunos de nosotros nos creemos inmunes porque somos hijos de Dios y pensamos que Dios está sujeto a nuestras peticiones y confesiones. Esperamos que automáticamente Él nos cubra y nos rescate de cualquier situación ignorando la causa, ignorando las leyes que rigen el universo. Las leyes siempre funcionan de la misma manera.

Si hubo causa, tiene que haber un efecto:

> *Como el gorrión en su vagar, y como la golondrina en su vuelo,*
>
> *Así la maldición nunca vendrá sin causa.*
>
> Proverbios 26:2

Cuando ocurren cosas malas, rupturas, fracasos, pérdidas, nos preguntamos: ¿Qué pasó? ¿Dónde está Dios? ¿Dónde está la misericordia?

Siempre ha estado ahí, lo que ocurre es que nosotros infringimos las leyes y después queremos culpar a otro por nuestros infortunios.

No podemos jugar con fuego y pensar que no nos vamos a quemar. El pecado produce consecuencias devastadoras.

En la sala de justicia de Dios hay cuatro participantes principales: El acusado, el abogado defensor, el fiscal y el juez.

El adversario presenta su acta de decretos a diario delante de Dios Padre, acusándonos para ganar una entrada legal a nuestras vidas y causar destrucción:

> *...anulando el acta de los decretos que había contra nosotros, que nos era contraria, quitándola de en medio y clavándola en la cruz,*
>
> Colosenses 2:14

Dios en su justicia absoluta debe conceder acceso si hay pruebas en contra del acusado.

El enemigo de nuestras almas siempre anda en busca de argumentos que puedan ser usados en nuestra contra, como se expresa en 1 Pedro 5:8:

> *Sed sobrios, y velad; porque vuestro adversario el diablo, como león rugiente, anda alrededor buscando a quien devorar.*

Acusar es la acción de atribuir a una persona la responsabilidad de un delito, falta o acción reprobable. Acusar es señalar, recriminar, culpar.

Las acusaciones son el arma del enemigo para destruir nuestras vidas, paralizar nuestro destino en la tierra. Nos acusa día y noche. La corte del cielo nunca recesa:

Entonces oí una gran voz en el cielo, que decía: Ahora ha venido la salvación, el poder, y el reino de nuestro Dios, y la autoridad de su Cristo; porque ha sido lanzado fuera el acusador de nuestros hermanos, el que los acusaba delante de nuestro Dios día y noche.

Apocalipsis 12:10

Como fiscal, prepara su caso y presenta la evidencia delante del juez. La salvación que recibimos es debido a la justicia divina, operación de una de las leyes más poderosas que existe y bajo la cual debemos refugiarnos. La estrategia del Padre, de redimirnos a través del sacrificio de su Hijo, es el mayor acto de amor que ha podido ocurrir. Es maravilloso darnos cuenta de cómo nos quita la culpa, cómo nos perdona y nos coloca en una posición diferente, por encima de las acusaciones en nuestra contra:

Porque la ley del Espíritu de vida en Cristo Jesús me ha librado de la ley del pecado y de la muerte.

Romanos 8:2

La ley del Espíritu de Vida nos libra de la ley del pecado y de la muerte. Aquí podemos ver cómo se legisla en el mundo espiritual. El argumento del abogado defensor, el cual se pone de pie, el *Parakleto (Espíritu Santo)*, quien está a su lado y habla por usted también presenta evidencias. ¿Cuáles?

Cuando confesamos nuestros pecados él nos perdona y nos limpia de toda maldad. (1 Juan 1:9)

Nos fue asignado un abogado defensor que ahora se presenta delante del juez. (1 Juan 2:1)

Porque tenemos un abogado defensor divino, entiendo que el pecado no tiene poder sobre mi vida.

El Espíritu Santo se levanta contra el fiscal y reclama que ahora el pecado no tiene poder en su vida porque usted ha recibido la propiciación de la sangre del cordero inmolado. El abogado defensor, el Espíritu Santo acepta como clientes a aquellos que han puesto su fe en Él y en el sacrificio en la cruz del calvario. ¡Este abogado nunca ha perdido un caso!

Existen diferentes salas en la corte celestial, esto lo podemos ver en la lectura de los siguientes pasajes bíblicos. Como ejercicio, te invito a que puedas encontrarlos y reconocer estos lugares espirituales y lo que cada uno simboliza:

- Reconciliación – 2 Corintios 5:18
- Peticiones – Filipenses 4:6
- Trono de la Gracia – 1 Juan 4:8
- Monte de Sion – Justicia y Juicio – Hebreos 12:22-24
- Acusador – Apocalipsis 12:10
- Corte Suprema – Daniel 7:9-10

Muchos piensan que todos sus asuntos se arreglaron en el campo de batalla cuando en realidad necesitan entrar a la sala de justicia, en el trono de Dios ante el juez de toda la tierra.

Si bien es cierto que libramos muchas batallas en esta tierra a través de la guerra espiritual, debemos tener siempre presente que ya Dios dispuso nuestra victoria, la conquistó Jesús con su muerte y resurrección, ha sido consumado el sacrificio, podemos ser libres completamente en Él.

El reino de Dios es el sistema legal que rige el universo en justicia, este es el asiento o el cimiento de todo lo que acontece en nuestra vida:

Entonces vi el cielo abierto; y he aquí un caballo blanco, y el que lo montaba se llamaba Fiel y Verdadero, y con justicia juzga y pelea.

Apocalipsis 19:11

Mire lo que dice este verso. Jesús primero juzga y después pelea. Esto es una actividad judicial[1]. Se confirma una decisión y un veredicto con respecto a una situación y/o petición. Fue establecida legalmente y ahora puede ir a hacer la guerra legalmente.

Dios rige y dirige todo lo que ocurre en el universo a través de un sistema legal que es evidenciado a través de las Escrituras. Nada se mueve sin que los procedimientos correctos tomen lugar. El sistema judicial del cielo es para nuestro beneficio. Hay una victoria sobre el mal que ya ha sido anunciada:

---

1. Ver referencias.

> *Un río de fuego procedía y salía de delante de él; millares de millares le servían, y millones de millones asistían delante de él; el Juez se sentó, y los libros fueron abiertos.*
>
> Daniel 7:10-11

Para más referencias sobre la corte de Dios podemos también leer estos pasajes en la Biblia:

- Salmo 82
- 1 Reyes 22:19-22
- Apocalipsis 20:4
- Job 1:6

Capítulo 8
La Adopción

Bendito sea el Dios y Padre de nuestro Señor Jesucristo, que nos bendijo con toda bendición espiritual en los lugares celestiales en Cristo, según nos escogió en él antes de la fundación del mundo, para que fuésemos santos y sin mancha delante de él en amor habiéndonos predestinado para ser adoptados hijos suyos por medio de Jesucristo, según el puro afecto de su voluntad.

Efesios 1:3-5

La adopción en las Escrituras es mostrada como favorable. La esencia de la paternidad la encontramos en Dios, no en el hombre.

El primer padre adoptivo es Dios. El Señor desata el Espíritu de la adopción en la tierra. Dios siempre es el iniciador. Un padre adoptivo es manifestación de la naturaleza de Dios.

Dios nos demuestra su amor al adoptarnos. Padre, Hijo y Espíritu Santo están involucrados en este proceso a través del cual nos bendijo espiritualmente. Él nos escogió antes de la fundación del mundo para ser parte de su familia mediante la adopción.

Esto lo hizo de acuerdo con su voluntad y placer, nada ni nadie lo obligó a absolutamente nada. Escogió de acuerdo con su maravilloso e infinito amor darnos vida en vez de destrucción. Es la muestra de un amor que no conoce límites:

Mirad cuál amor nos ha dado el Padre, para que seamos llamados hijos de Dios; por esto el mundo no nos conoce, porque no le conoció a él.

1 Juan 3:1

En Cristo Jesús fuimos adoptados para vivir por la eternidad siendo parte de la familia de Dios donde hubo un hermano mayor, el unigénito del Padre quien a través de su muerte y resurrección es ahora el primogénito entre muchos hermanos adoptivos.

El concepto de ser un hijo de Dios sea este engendrado biológicamente o por adopción, implica ciertas responsabilidades.

Si estudiamos la vida de Jesús vemos que dentro de sus muchas responsabilidades estaba la revelación del Padre y la mediación de la humanidad. También fue mensajero del Padre y una puerta para él. Para Jesús cumplir con estas funciones era porque tenían la misma naturaleza de Padre-Hijo.

De la misma manera, una vez que somos adoptados a través de Jesús, se asume la naturaleza del Hijo y del Padre.

Esto es un concepto de filiación. En otras palabras, el hijo adoptivo no sólo es subordinado al que lo adopta, sino que busca acercamiento y unificación de manera que el hijo adoptado aspira a aprender, asimilar y parecerse lo más posible al Hijo llegando a convertirse en Hijo de Dios también.

Esta es la segunda faceta de ser considerado hijo por inclinación. Cuando hace la voluntad de otra persona por su propia voluntad o inclinación, se refiere como el hijo del cual se hizo su voluntad.

Hablamos anteriormente de que Jesús lleva las tres facetas de la filiación, pues fue engendrado por el Padre y Él establece constantemente que viene a la tierra a ejecutar exclusivamente la voluntad del Padre.

Así lo expresa en el libro de Juan, en el Nuevo Testamento:

No puedo yo hacer nada por mí mismo; según oigo, así juzgo; y mi juicio es justo, porque no busco mi voluntad, sino la voluntad del que me envió, la del Padre.

Juan 5:30

Porque he descendido del cielo, no para hacer mi voluntad, sino la voluntad del que me envió.

Juan 6:38

Este es un concepto muy alto y creo que no se habla, no se enseña ni se predica lo suficiente al respecto. Cualquiera puede decirse ser hijo de Dios, pero en realidad lo que lo valida o confirma no es lo que diga la persona, sino su fruto.

Para Jesús esto era lo más importante, el corazón de su misión era hacer la voluntad del Padre y ahí queda revelado el porqué de todas las cosas, lo cual ahora demuestra con una sencillez tan grande que muchos lo pasan por alto.

¿Cuál es la voluntad del Padre? ¿A qué vino Jesús a la tierra? Él es la imagen del reino de los cielos y la eternidad:

> Y esta es la voluntad del que me ha enviado: Que todo aquel que ve al Hijo, y cree en él, tenga vida eterna; y yo le resucitaré en el día postrero.
>
> Juan 6:40

Es crítico para usted como hijo adoptado el imitar por convicción lo que ve al Hijo hacer y así honrar el lazo de la adopción.

El impacto de la obediencia

¿Qué vemos al Hijo hacer? La voluntad del Padre. El cumplir la voluntad de otra persona es equivalente a sumisión y obediencia. Expresa honra hacia aquel al que deseamos imitar. La validación de nuestra adopción es hacer la voluntad del Padre, la cual es siempre buena y agradable.

La preeminencia de las relaciones espirituales es expresada por Jesús. Para Jesús era como su alimento:

> Jesús les dijo: Mi comida es que haga la voluntad del que me envió, y que acabe su obra.
>
> Juan 4:34

Jesús hizo muchas cosas en la tierra para cumplir la voluntad del Padre. Enseñó, predicó, sanó enfermos, echó fuera demonios, e hizo milagros.

Este es nuestro modelo de comportamiento. Debemos honrar nuestra adopción también por amor y honra a Dios. Hacemos las obras que Él hace y nuestra conducta debe ser igual a la de Él.

¿A quién complace usted? ¿A quién se parece usted en sus obras?

Recuerde: El Hijo y el Padre uno es. Igual nosotros debemos ser uno con Él.

Nota: En Mateo 26: 47-54 está un ejemplo vívido de la obediencia de Jesús para con el Padre, por encima de su propia vida. Es la última noche de Jesús en la tierra, la ceremonia del nuevo pacto en su sangre se había llevado a cabo con los discípulos, ahora sólo quedaba el ejecutarlo y Jesús entra en Getsemaní, donde sabe que será arrestado. Es una escena de confusión, tensa y violenta y uno de los discípulos le corta la oreja a Malco el siervo del sumo sacerdote.... Jesús interviene y le reclama: "¡no uses violencia! ¿No entiendes que puedo orar a mi Padre y serían despachadas más de 12 legiones de ángeles?" Si hubo algún momento en que Jesús tuvo justificación para actuar por sí mismo era esta noche, su vida peligraba, Él lo sabía, nadie lo culparía si trataba de defenderse. Esto pensamos como humanos, pero nuestro Señor tenía otra perspectiva.... Hacer la voluntad de Su Padre era más importante para Él que aún el proteger su propia vida.

La respuesta de Jesús es impactante. A su disposición estaban más de doce legiones de ángeles, no existirá jamás fuerza humana que pueda detener este ejército.

Legión es un término militar del ejército romano, describe un grupo de 6.000 soldados como mínimo, podían ser más. No sabemos cuántas legiones tenía Jesús en mente, calculemos basado en 12 legiones 6.000 x 12 = 72.000 ángeles.

En Isaías 37:36 vemos que un solo ángel destruyó 185.000 hombres en una noche. En la noche que Jesús está en Getsemaní, 72.000 ángeles están en guardia esperando órdenes con la capacidad de destruir:

72.000 x 185.000 = 13.320.000.000.

Trece billones trescientos veinte millones de hombres en una sola noche.

De acuerdo a los análisis hechos por *National Geographics* para el artículo publicado *The World of Ancient Judea* (el mundo de la Judea Antigua), la población de toda la tierra durante esa era se estimaba en 300 millones de habitantes.

¿Qué estaba diciendo Jesús? Tengo a mi disposición un ejército que puede extinguir el género humano por completo.

La población mundial en agosto 2018 era de 7.6 billones de habitantes según el *World Population Clock*. El ejército angelical podría en una noche exterminar a toda la tierra prácticamente 2 veces. ¡Qué inmenso poder!

Mayor es el amor de Jesús hacia el Padre que sabiendo esto, se queda quieto y se entrega mansamente.

Y todo por hacer la voluntad de su Padre. ¡Creo que tenemos mucho que aprender e imitar! Aunque Adán poseía el nombre de Dios para él no fue prioridad el operar en sometimiento a la voluntad del Padre.

¿Cuál era la voluntad de Dios para el género humano? La obediencia, desde el principio cuando Dios pone al hombre en el jardín del Edén lo instruye:

> Todo es tuyo solo no toques el árbol de la ciencia del bien y del mal.
>
> *Génesis 2:16-17*

Adán actuó independiente de la voluntad expresa del Padre. El resultado fue la caída: el pecado entra al mundo por Adán, la muerte entra el mundo por el pecado, la muerte pasa a todos por medio de Adán[2].

Después de la caída, el hombre pierde su relación y comunión con Dios. Literalmente perdió la vida que lo sostenía, perdió al que lo alumbraba.

Jesús, siguiendo las instrucciones del Padre, muere en la cruz para redimirnos de la maldición. A través de la redención, la relación con Dios es restaurada en la humanidad.

Cuando los hijos adoptados se vuelven uno con Dios, adquirimos su naturaleza, y principios. Entonces son uno con el Hijo y uno con el Padre. "El Padre y yo somos uno" ¿Por qué? Porque su esencia es la misma a través de una conducta de sometimiento, obediencia, amor y de esto fluye el respeto y la admiración. Esta es la esencia de la relación entre el Padre, Hijo y Espíritu Santo.

Usted es ahora adoptado en esta familia maravillosa de donde fluye el río del amor eterno:

---

2. Ver referencias.

Y revestido del nuevo, el cual conforme a la imagen del que lo creó se va renovando hasta el conocimiento pleno.

Colosenses 3:10

La imagen y el carácter de Jesús en mi crea una relación de filiación:

Porque todos los que son guiados por el Espíritu de Dios, éstos son hijos de Dios.

Pues no habéis recibido el espíritu de esclavitud para estar otra vez en temor, sino que habéis recibido el espíritu de adopción, por el cual clamamos ¡Abba, Padre!

Romanos 8:14-15

Podemos asumir que en la adopción hay un cambio en la genética espiritual de la persona.

Esto altera el curso de la vida en la tierra y en la eternidad. La genética dirige y domina quién es y qué hace una persona.

La palabra genética viene del griego *genno*, que significa generar linaje. Esta es trasmitida de padres a hijos, de generación a generación. El ADN es responsable por codificar y replicar la información que está en cada célula almacenada en los cromosomas. Los genes transmiten datos de todo tipo, se le compara a un almacén de información.

Todo lo que Dios hace contiene un doble carácter: espiritual y físico. Nosotros somos seres donde convergen estas dos dimensiones porque fuimos creados a su imagen y semejanza. Vivimos en el mundo físico, pero operamos y tenemos acceso al mundo espiritual, es más, el mundo espiritual es nuestra herencia.

Esto se conoce como dualismo antropológico. Estamos compuestos por dos esencias diferentes, esto se conoce como dicotomía, el hombre está dividido en dos partes. Esta es la totalidad de la naturaleza humana. Está compuesto por substancia material y substancia espiritual, las cuales funcionan en unidad.

Al igual que existe una cadena o escalera de ADN física también dentro de nosotros está el ADN espiritual pues desde antes de la fundación del mundo ya veníamos equipados para vivir en la eternidad.

La traducción del Salmo 103:4-5 en la Biblia El Mensaje (The Message) dice así:

> *Él te envuelve en bondad- belleza eternal. El renueva tu juventud, siempre eres joven en su presencia.*

Mi esencia no es solamente física, soy un espíritu que tiene un alma y reside en un cuerpo. Es una combinación de físico con espiritual. Existe una creación visible y otra invisible:

> *Porque en él fueron creadas todas las cosas, las que hay en los cielos y las que hay en la tierra, visibles e invisibles; sean tronos, sean dominios, sean principados, sean potestades; todo fue creado por medio de él y para él.*
>
> Colosenses 1:16

La genética corrupta es alterada con el nuevo nacimiento:

... siendo renacidos, no de simiente corruptible, sino de incorruptible, por la palabra de Dios que vive y permanece para siempre.

1 Pedro 1:23

Cuando Adán cayó, afectó a toda la humanidad a través de la genética espiritual y ahora con el nuevo nacimiento toma lugar una reversión, por así decir, de aquel suceso fatídico.

Quiero que usted me comprenda; debemos distinguir entre forma y contenido. Ejemplo, un recipiente de plástico fue hecho en la fábrica para contener agua, cuando este es vaciado, se puede volver a utilizar para echar gaseosa, leche, pintura o gasolina.

La forma de la botella sigue siendo la misma, aunque el contenido cambió. De igual manera Adán retiene su forma física cuando cae, pero su contenido cambió. Con relación a Dios, el hombre tiene una forma física que Él nos dio a todos por igual pero el contenido cambia a través de la relación (salvación o nuevo nacimiento) y las funciones que se derivan de dicha relación. La relación de filiación por inclinación o por mérito está expresada aquí.

¿Cómo yo sé que esto es una realidad y no un mito?

Yo soy la mejor prueba que me da testimonio a mí misma. Antes de venir a los pies del Señor mi esencia era muy diferente a quien soy hoy... Era como el día y la noche, en términos bíblicos tan opuesto como la luz y las tinieblas. Puedo contarle con toda franqueza que todo lo que mi persona producía era carente de hermosura, no había brillo en mí, no sabía cuál era mi identidad, tampoco mi propósito. Dios era alguien muy lejano e impersonal.

En el año 1989 la tragedia tocó a mi puerta y perdí un embarazo de siete meses y medio, mi segundo hijo murió en mi vientre y así tuve que dar a luz, fue una experiencia devastadora para mí, deseaba morir, todo perdió el sentido para mí y no tenía quién me consolara. Un día me senté en el último escalón de la escalera de la casa donde vivía y decidí tirarme. Cada día mi deseo de no vivir era más fuerte, no quería enfrentar el dolor. Mi primogénito tenía solo cuatro años y de repente se paró al pie de la escalera y me dijo mami: ¡Te amo!... Todavía no entiendo cómo él supo que yo estaba sentada en la escalera. Yo estaba en silencio, él en otra habitación jugando. Fue un momento de intervención divina, el plan de las tinieblas fue interrumpido por el amor del Padre que movió a mi pequeño para que hablara por Dios.

En ese momento le hablé al Señor por primera vez en mi vida y le dije: "Yo sé que esto no es obra tuya."

Todo cambió para mí, en menos de un año vine a los pies del Señor y comenzó verdaderamente mi vida. No soy quien era, ahora sé quién soy y tengo quien me consuele, ahora vivo para Él y reconozco que sin Él no quiero ni tampoco puedo vivir.

¿Y usted? ¿Se ha dado cuenta de lo mucho que ha cambiado? ¿Ha experimentado usted un cambio radical debido al nuevo nacimiento?

¿Ha cambiado su esencia?

La ciencia confirma que nuestra genética contiene información física, sicológica y espiritual.

Nuestros ancestros, según su herencia espiritual, nos han transmitido parte de esa herencia espiritual a nosotros. Esa herencia es mala en ocasiones, buena en otras:

> ...que guarda misericordia a millares, que perdona la iniquidad, la rebelión y el pecado, y que de ningún modo tendrá por inocente al malvado; que visita la iniquidad de los padres sobre los hijos y sobre los hijos de los hijos, hasta la tercera y cuarta generación.
>
> *Éxodo 34:7*

¿Qué nos transmite el ADN de Dios a través de la adopción?

En la genética de Jesús encontramos que el Hijo es igual al Padre, Jesús es conocido por los rasgos espirituales de su Padre.

Antes de su ascensión, Jesús hace algo maravilloso con los discípulos.

Así como Dios Padre sopló sobre Adán y le dio aliento de vida al infundir su nombre, Jesús sopla en los discípulos el poder de una vida nueva.

¿Qué implica esto?

Cuando oficialmente entramos a la familia a través de la adopción como un integrante más de ella, y nos corresponde entonces el nombre de esa familia. Ahora usted lleva el nombre de esa familia... ¿Cuál nombre? ¡El del padre que te adopta! Más adelante estudiaremos a profundidad el gran significado e impacto del nombre del Padre.

Cuando recibimos a Jesús y creemos en su nombre (Juan 1:12) recibimos por legalidad la adopción y a través de esa adopción la naturaleza del Hijo que es la misma del Padre, ahora entonces está en nosotros.

Todo lo que producíamos para las tinieblas ahora muere y comenzamos a dar fruto según el carácter de nuestro Padre Celestial:

Por lo cual, desechando toda inmundicia y abundancia de malicia, recibid con mansedumbre la palabra implantada, la cual puede salvar vuestras almas.

Santiago 1:21

Ya vosotros estáis limpios por la palabra que os he hablado.

Juan 15:3

De cierto, de cierto os digo: El que oye mi palabra, y cree al que me envió, tiene vida eterna; y no vendrá a condenación, mas ha pasado de muerte a vida.

Juan 5:24

Las Sagradas Escrituras afirman que somos una nueva criatura en Cristo Jesús:

> *De modo que si alguno está en Cristo, nueva criatura es; las cosas viejas pasaron; he aquí todas son hechas nuevas.*
>
> *2 Corintios 5:17*

Para muchas familias la adopción se vuelve un tabú, un secreto, una vergüenza que desean esconder a toda costa, cuando en realidad es algo muy especial y maravilloso. Adopción es una expresión de amor hacia una persona, es proveer el fundamento de la paternidad, misericordia, compasión, protección, estabilidad, identidad, seguridad.

Sé de algunas personas que, aunque hayan sido adoptadas por familias que le proporcionaron todo el amor que un padre y una madre pueden dar, se sienten, sin embargo, rechazados por haber sido abandonados por sus padres naturales. Del mismo modo, algunos hijos de Dios no alcanzan a entender el nivel de amor y redención que nos da el hecho de ser adoptados por nuestro Padre Celestial. La Biblia dice que el ser hijos de Dios nos convierte en un linaje escogido:

> *Más vosotros sois linaje escogido, real sacerdocio, nación santa, pueblo adquirido por Dios, para que anunciéis las virtudes de aquel que os llamó de las tinieblas a su luz admirable.*
>
> *1 Pedro 2:9*

El salmista, que experimentó una relación hermosa con Dios, lo reconoce de esta manera:

Aunque mi padre y mi madre me dejaran,
Con todo, Jehová me recogerá.

Salmo 27:10

La adopción nos da la posibilidad de heredar todo lo que el Padre ha guardado para nosotros. Sin embargo, es muy importante entender que es la redención lo que nos asegura los beneficios de la adopción, aun cuando sabemos que cuando somos hijos la obediencia trae recompensa.

Dios Padre sella la consumación de la adopción al darnos el regalo de la persona del Espíritu Santo de la promesa:

Pues no habéis recibido el espíritu de esclavitud para estar otra vez en temor, sino que habéis recibido el espíritu de adopción, por el cual clamamos ¡Abba, Padre!

Romanos 8:15

Y por cuanto sois hijos, Dios envió a vuestros corazones el Espíritu de su Hijo, el cual clama: !!Abba, Padre!

Gálatas 4:6

Jesús no se avergüenza de ser nuestro hermano. Cuando somos adoptados como hijos de Dios a través de nuestra fe, estos son algunos de los beneficios que recibimos del Padre. Leamos en la Biblia cada versículo que lo afirma:

- Vida eterna – (Juan 10:10)
- Herencia – (Romanos 8:17 y 9:26)
- Provisión – (Mateo 7;11)

- Sabiduría – (2 Timoteo 3: 16-17)

- Disciplina – (Proverbios 3:12)

- Protección – (Salmo 59:16)

Todo lo que recibimos de Él es imperecedero, puro, indescriptible y está reservado para cada uno individualmente. Así lo expresa el apóstol Pedro:

> *Bendito el Dios y Padre de nuestro Señor Jesucristo, que según su grande misericordia nos hizo renacer para una esperanza viva, por la resurrección de Jesucristo de los muertos, para una herencia incorruptible, incontaminada e inmarcesible, reservada en los cielos para vosotros.*
>
> 1 Pedro 1:3-4

Dios existe por la eternidad, la herencia que Él tiene para sus hijos es para compartirla y disfrutarla en el eterno presente, juntos. Jesús es dueño del universo porque tiene una relación intrínseca con su Padre, de quien heredamos. Dios desea compartir quién es Él con nosotros.

El libro de Romanos explica que el Espíritu Santo mismo nos confirma que somos hijos y por lo tanto, somos herederos de Dios, heredamos al Padre porque ahora al igual que Jesús, lo más precioso que poseemos es una relación de unidad absoluta con *Abba*, tenemos acceso a Su presencia en todo momento por la eternidad:

El que venciere heredará todas las cosas, y yo seré su Dios, y él será mi hijo.

Apocalipsis 21:7

En distintos pasajes de la Biblia, se describe nuestra herencia:

- Heredamos la tierra – Isaías 65:9
- Heredamos las naciones – Salmo 82:8
- Heredamos el reino – Mateo 25-34
- Heredamos la salvación – Hebreos 1:14

Como todo lo que nuestro Padre hace, recibimos herencia en el ámbito físico y herencia espiritual.

Esta herencia tiene una magnitud de riquezas inagotable que serán nuestras por la eternidad. Muchas veces no llegamos a comprender la magnitud del efecto que tiene conocer y entender esta herencia eterna. Es solo a través del conocer tu identidad y de la renovación de tu entendimiento que podemos comprender.

Somos Coherederos con Cristo Jesús

La palabra coheredero se refiere a quien es llamado heredero junto con otro u otras de una misma herencia, recibe por ley o testamento, bajo el mismo documento y así el otorgamiento de los bienes de manera conjunta. No se hace distinción ni se expresa inferioridad con los hijos adoptados.

En otras palabras, todo lo que el Padre entregó a Jesús ahora es repartido entre todos los hijos en partes iguales. ¿Qué heredó Jesús? Todo. Él lo dijo, todo lo que tiene el Padre es mío; este no es un hijo que malgasta su herencia…. sino que la comparte.

La herencia de Jesús es la Gloria de Dios, Él se goza, disfruta de compartir con nosotros las riquezas de su Gloria.

Tenemos las arras del Espíritu Santo, que es un símbolo de nuestra redención, un adelanto y la seguridad de que Jesús pagó el precio y que tenemos al Espíritu Santo como una promesa y certeza de lo que vendrá:

El Espíritu es la garantía que tenemos de parte de Dios de que nos dará la herencia que nos prometió y de que nos ha comprado para que seamos su pueblo. Dios hizo todo esto para que nosotros le diéramos gloria y alabanza

Efesios 1:14

Lo interesante de esto es que, según la ley Mosaica, el derecho de primogenitura se le otorgaba al hijo mayor, este pertenecía a Dios, recibía una doble porción de las posesiones de su padre y le correspondía ser el jefe de familia. Se le confería una bendición especial, tal y como se puede leer en el libro de Deuteronomio, Capítulo 21:15.

Usted necesita meditar en lo que voy a compartir, ¡transformará su vida!

Quedó claramente expuesto que Dios Padre todo lo lleva a cabo a través de procedimientos legales en la corte celestial de justicia, delante de sus asesores, abogados y la corte suprema (24 ancianos). Él no viola ninguna ley en ningún momento.

¿Cómo es que entonces nosotros podemos ser coherederos con el primogénito? ¿Rompió Dios la ley?

¡De ninguna manera! Sino que en su infinita sabiduría y guiado por ese amor transcendental que emana de su corazón de Padre, hizo un pacto con Abraham antes de que la Ley Mosaica fuese dada 430 años después:

Para que en Cristo Jesús la bendición de Abraham alcanzase a los gentiles, a fin de que por la fe recibiésemos la promesa del Espíritu.

Hermanos, hablo en términos humanos: Un pacto, aunque sea de hombre, una vez ratificado, nadie lo invalida, ni le añade.

Ahora bien, a Abraham fueron hechas las promesas, y a su simiente. No dice: Y a las simientes, como si hablase de muchos, sino como de uno: Y a tu simiente, la cual es Cristo.

Esto, pues, digo: El pacto previamente ratificado por Dios para con Cristo, la ley que vino cuatrocientos treinta años después, no lo abroga, para invalidar la promesa.

Porque si la herencia es por la ley, ya no es por la promesa; pero Dios la concedió a Abraham mediante la promesa.

Gálatas 3:14-18

Qué maravilloso entender que nuestro Padre, desde antes de la fundación del mundo, deseó, pues nadie lo obligó, nada lo presionó, sino que fue su deseo, el demostrarnos su amor, aunque adoptados para Él somos todos herederos de su misma multiforme gracia al igual su amado Hijo, el Unigénito, y decidió que heredaríamos Su Espíritu, Su Gloria y todas las maravillas que ha preparado de antemano por partes iguales. La palabra describe esta herencia como algo que no podemos ni siquiera imaginar porque ningún ser humano ha visto cosa semejante:

Antes bien, como está escrito:
Cosas que ojo no vio, ni oído oyó,
Ni han subido en corazón de hombre,
Son las que Dios ha preparado para los que le aman.

1 Corintios 2:9

Hizo provisión sabiendo de antemano que bajo la Ley las estipulaciones de la herencia cambiarían, pero legalmente ya ese pacto estaba ratificado, al testamento hecho no se le podía añadir, quitar o cambiar las estipulaciones. Su predeterminación con referencia a nuestra herencia fue algo eterno y demostrativo de su eterno amor:

Por lo cual, queriendo Dios mostrar más abundantemente a los herederos de la promesa la inmutabilidad de su consejo, interpuso juramento; para que por dos cosas inmutables, en las cuales es imposible que Dios mienta, tengamos un fortísimo consuelo los que hemos acudido para asirnos de la esperanza puesta delante de nosotros.

La cual tenemos como segura y firme ancla del alma, y que

penetra hasta dentro del velo, donde Jesús entró por nosotros como precursor, hecho sumo sacerdote para siempre según el orden de Melquisedec.

Hebreos 6:17-20

Nuestra herencia es:

- Hermosa: Salmo 16:6
- Incorruptible: 1 Pedro 1:4 (Nada la puede dañar)
- Incontaminada: 1 Pedro 1:4 (Nada la puede contaminar)
- Inmarcesible – 1 Pedro 1:4 (No se puede marchitar)

El Padre valida al Hijo

Una de las facetas importantes dentro del rol paternal es proveer seguridad, identidad y validación para sus hijos. La afirmación o la falta de ellas producen huellas en el carácter del hijo para bien o para mal.

Durante el ministerio terrenal de Jesús vemos la intervención del Padre desde su trono valorando lo que Su Hijo estaba haciendo:

- En el bautismo – Lucas 3:21-22
- En la transfiguración – Mateo 17:5
- En la entrada triunfal – Juan 12:27-28

Dios Padre también[3]:

---

3. Ver referencias.

- Selló al hijo – Juan 6:27
- Fue testigo de su hijo – Juan 8:18
- Amó a su hijo – Juan 10:17
- Ungió a su hijo – Lucas 4:16-21
- Se deleitó en su hijo – Mateo 3:17
- Enseñó a su hijo – Juan 8:28
- Glorificó a su hijo – Juan 12:27-28
- Escuchó a su hijo – Juan 11:41-42
- Exaltó a su hijo – Efesios 1:21

Jesús correspondió a las acciones del Padre y comienza su ministerio en la tierra hablando del Padre (Lucas 2:49) y concluye su ministerio hablando del Padre (Lucas 24:49). Jesús comienza y concluye su experiencia en la cruz orando al Padre (Lucas 23:34-46)[4].

El Padre también valida a sus hijos adoptivos de la misma manera:

- Nos sella – 1 Corintios 1:22
- Es testigo – 2 Corintios 1:23
- Nos amó – Juan 3:16
- Nos ungió – 1 Corintios 1:21
- Se deleita en nosotros – Salmo 103:13

---
4. Ver referencias.

- Nos enseña – Juan 6:45
- Nos glorifica – Romanos 8:30
- Nos escucha – Jeremías 29:12
- Nos exalta – 1 Pedro 5:6

¿Se da usted cuenta que el Padre expresa exactamente el mismo trato con todos sus hijos? ¡Él no hace acepción de personas! Le pregunto; ¿Cómo le corresponde usted a las acciones del Padre?

Es vital hacer un inventario de como respondemos al trato de Dios con nosotros al ver el gran amor con que nos trata.

El Dios de Pactos

La palabra pacto significa: acuerdo entre dos o más personas que obliga a ambas a cumplir una serie de condiciones. Se requiere lealtad hacia los términos acordados.

Los tratos del Padre con el hombre están basados en pactos. El Padre propone los términos del acuerdo y le corresponde al hombre ser recíproco y cumplir con las estipulaciones acordadas.

En las Escrituras encontramos ocho pactos diferentes:

1. Pacto Edénico: Condicionó la vida del hombre en su estado de inocencia. Tiene que ver con la responsabilidad del hombre de administrar la tierra y de la obediencia

a respetar el árbol del conocimiento del bien y del mal. Gen: 1:27-30.

2. Pacto Adámico: Condicionado a la vida del hombre después de la caída o separación de Dios, con la promesa de un redentor o Salvador. Esta es la primera promesa mesiánica que se encuentra en la Biblia. Génesis 3:15.

3. Pacto Noémico: Establece el principio del gobierno humano y asegura la continuación de la vida sobre la tierra. Dios prometió que no volvería a destruir la tierra con agua. Génesis 9.

4. Pacto Abrahámico: Entre otras cosas concernientes a la nación de Israel, Dios prometió que todas las familias del mundo serían benditas en Abraham. Habla del linaje mesiánico. Génesis 22:18.

5. Pacto de la Tierra Prometida: Descripción de los límites de la tierra prometida. Asegura la restauración final y conservación de la nación de Israel en la tierra de Israel. Deuteronomio 30:1-10/Ezequiel.

6. Pacto Mosaico: Entrega del decálogo y los 613 mandamientos de la ley. Éxodo 20.

7. Pacto Davídico: El linaje de David recibe un trono por la eternidad. El futuro rey es Yeshua Ha Mashiac. 2 Samuel 7:8-16.

8. Nuevo Pacto: Jesús viene a cumplir las estipulaciones de la ley de Moisés y a establecer un nuevo pacto en su sangre a través de la cual se obtiene el perdón de pecados y

se recibe vida eterna. Efesios 2:8-9.

El lenguaje Padre-Hijo es un lenguaje de pacto. Cada uno de estos pactos se lleva a cabo con el sello de juramento por parte del Padre.

Un juramento es el derecho de afirmación o negación solemne que hace una persona para asegurar la veracidad de una cosa. Es una promesa o declaración invocando a algo o alguien. En la mayoría de los casos se invoca a Dios como testigo.

Siguiendo el orden de los procedimientos legales en la corte celestial, el Padre hace una promesa a Abraham y jura por sí mismo afirmando y ratificando la veracidad de la promesa. ¿Para qué? Para mostrar a los herederos (sus hijos adoptivos) la inmutabilidad de su promesa. ¿Tenía Dios Padre que hacer esto? ¡Claro que no! ¿Qué derecho tiene un ser creado de cuestionar a su Creador?

El Padre tiene sus motivos para hacer juramento. Él siempre está hablándonos y pensando en nosotros. Él sabía que pasaría mucho tiempo antes de la manifestación del cumplimiento de la promesa del Mesías. El a través del juramento nos asegura que cumpliría su palabra. No importa cuánto tiempo tarde, lo que El habló lo cumplirá.

Al hacer juramento se involucra de una manera muy personal, Él nos está diciendo: Con este juramento inmutable, me obligo a cumplir lo prometido. Él no puede poner en tela de juicio la integridad de su nombre. Está en juego el balance del universo completo el cual es sostenido por el poder de su Nombre:

> *Porque cuando Dios hizo la promesa a Abraham, no pudiendo jurar por otro mayor, juró por sí mismo, diciendo: De cierto te bendeciré con abundancia y te multiplicaré grandemente.*
>
> *Y habiendo esperado con paciencia, alcanzó la promesa.*
>
> *Porque los hombres ciertamente juran por uno mayor que ellos, y para ellos el fin de toda controversia es el juramento para confirmación.*
>
> *Por lo cual, queriendo Dios mostrar más abundantemente a los herederos de la promesa la inmutabilidad de su consejo, interpuso juramento; para que, por dos cosas inmutables, en las cuales es imposible que Dios mienta, tengamos un fortísimo consuelo los que hemos acudido para asirnos de la esperanza puesta delante de nosotros.*
>
> Hebreos 6:13-18

Dios hace la promesa del Redentor y sella la promesa al establecer el pacto hasta que llegue el tiempo ya determinado para el cumplimiento de la promesa. Verás muchas cosas pasar, pero quiero que te asegures de saber que lo que Él dice nunca va a cambiar.

Capítulo 9
El nombre del Padre

Sus ojos eran como llama de fuego, y había en su cabeza muchas diademas; y tenía un nombre escrito que ninguno conocía sino él mismo.

Apocalipsis 19:12

Las Sagradas Escrituras revelan muchos de los nombres de Dios que traen revelación a la creación. Estoy segura de que Él posee muchos otros nombres que aún están por ser revelados.

En los tiempos bíblicos el nombre era un atributo de la personalidad, el modo de individualizar a una persona dentro de una comunidad determinada. Es uno de los derechos fundamentales desde el nacimiento y se integra al sujeto por derecho durante toda su existencia y continúa incluso después de su muerte.

La función del nombre implica la identificación de una persona.

Jesús hace referencia a recibir un nombre que sólo lo conocerá el que lo recibe. Esto muestra que cada individuo es único y aún está por revelarse nuestra verdadera naturaleza:

El que tiene oído, oiga lo que el Espíritu dice a las iglesias. Al que venciere, daré a comer del maná escondido, y le daré una piedrecita blanca, y en la piedrecita escrito un nombre nuevo, el cual ninguno conoce sino aquel que lo recibe.

Apocalipsis 2:17

Los nombres son tan importantes para Dios que en momentos donde el individuo era transformado, había un encuentro con Dios, recibía una asignación en algunas veces se le agregaba letras y en el nombre era cambiado. Con el nuevo nombre viene una posición elevada, privilegios, acceso, derecho de herencia, cambio de estatus.

Esto ocurrió con hombres y mujeres cuyos nombres fueron cambiados, así como sus vidas:

- Abram – significa padre ► Abraham significa padre de multitud.
- Saraí – significa contenciosa ► Sarah significa princesa.
- Jacob – significa suplantador ► Israel significa el que triunfa con Dios.
- Simón – significa el que ha escuchado a Dios ► Pedro significa roca.
- Saulo – significa el que ha sido ► Pablo significa pequeño pedido al Señor.

El nombre principal de Dios lo encontramos en Éxodo 3:14 "Y respondió Dios a Moisés: Yo soy el que soy." Es el único auto existente y auto suficiente ser que posee vida en sí mismo. Él no depende de absolutamente ningún elemento para vivir, nunca inhala, sino que exhala, todo en la creación depende de la vida que fluye del aliento de Dios.

Este es el nombre sagrado, indecible de Dios: *YHVH*

El antiguo testamento hace referencia a este nombre 6.800 veces. Se creía que este nombre era tan sagrado, con tanto poder y requería tal reverencia, que usarlo común o incorrectamente era considerado una deshonra a Dios. Este nombre sólo se pronunciaba por el sumo sacerdote durante el ritual del día de la expiación. El pueblo hebreo substituye el nombre sagrado indecible por Adonaí, significa Señor o Hashem que significa El Nombre, nosotros lo conocemos como Señor, Yahvé o Jehová.

Revela al Dios Todopoderoso como el origen de todas las cosas, el que engendra, el principio. De nuevo llegamos a la esencia de Dios, El Padre.

El nombre de Dios es sagrado. Él es el Dios Creador. El libro de Génesis narra en lenguaje sencillo las actividades que tomaron lugar durante la creación. Él crea el universo de la nada, no tenía materia prima, tampoco necesitó ayuda. La ciencia no ha podido descubrir los misterios de la creación. En su naturaleza eterna no es hombre ni mujer, Él no tiene género, más bien tanto varón como mujer proceden de Dios. Dios crea por decreto no por copulación. Es incorpóreo, no tiene cuerpo según el diseño que nosotros conocemos.

Todo lo crea en un orden perfecto. Dios es infinitamente superior a sus obras, su sabiduría, inteligencia y poder no tienen límite. Toda la creación depende de Él. Él nos sustenta y nos lleva a su término.

Como Padre Él crea, provee y protege por decreto. Es importante conocer que todo esto lo hace por el poder de su nombre. Dios habló y fue. A través de los siglos y por la eternidad, Dios Padre mantiene una relación íntima con su creación:

> *Y dijo Dios: Sea la luz; y fue la luz.*
>
> *Y vio Dios que la luz era buena; y separó Dios la luz de las tinieblas.*
>
> *Y llamó Dios a la luz Día, y a las tinieblas llamó Noche. Y fue la tarde y la mañana un día.*
>
> *Luego dijo Dios: Haya expansión en medio de las aguas, y separe las aguas de las aguas.*
>
> *E hizo Dios la expansión, y separó las aguas que estaban debajo de la expansión, de las aguas que estaban sobre la expansión. Y fue así.*
>
> Génesis 1:3-7

Veamos el énfasis añadido en este pasaje, ¡Dios dijo y así fue!

También en el libro de Salmos podemos leer que por la Palabra de Dios se dio inicio a toda la creación y de su aliento emana la vida:

> *Por la palabra de Jehová fueron hechos los cielos, Y todo el ejército de ellos por el aliento de su boca.*
>
> Salmo 33:6

También en estos pasajes de la Biblia, podemos aprender más de Dios Padre:

Isaías 44, 45, 1 Juan, Romanos 1, Colosenses 1.

¿Qué sopló Dios en Adán?

La esencia de vida de Dios, en otras palabras, el nombre; pues *Dios* es la verdadera esencia de la vida y ahora este nombre forma parte del ADN del hombre. Imagen y aliento o soplo ocurren simultáneamente.

En Génesis 1:26-27 vemos que el hombre es hecho a la semejanza o la imagen de Dios y este recibe una infusión del Espíritu de Dios en él.

Esto demuestra una convergencia del ámbito espiritual y físico, lo invisible o espiritual se vuelve visible. Se manifiesta y se vuelve visible la voluntad de Dios. Un ejemplo visual para ayudarnos a entender: El Padre desea crear el universo y a través del poder de su nombre Él habla y la esencia de Su corazón ahora se manifiesta, se vuelve visible lo que Él habló.

Otro ejemplo es la creación de Adán, donde Dios habla y crea a Adán en el Capítulo 1 y después sopla o le infunde el aliento de vida. Aunque hay diferentes escuelas de pensamiento donde interpretan qué imagen y aliento ocurrieron al unísono, la idea o la esencia es la misma.

- Similitud Externa: faz, imagen, sello, hermosura.
- Similitud Interna: espíritu, aliento, Nombre.

El nombre *Elohim*, el cual significa Creador, está relacionado con la creación de Adán, su cuerpo. Pero este es aparentemente sellado cuando Dios deposita o sopla en

Adán el Nombre o Tetragrámaton. El nombre principal de Dios Padre es la esencia de su espíritu, el Espíritu Santo.

Dios se inclinó sobre Adán y con su aliento impartió eternidad, su esencia. Adán es inmortal.

Esto es trascendental para el hombre pues Dios expresa su corazón de Padre, en que entrega Su nombre a su creación.

Él pudo haber escogido cualquier otro nombre, sin embargo, depositó El Nombre por el cual fue creado todo lo que se ve en Adán. Este ahora posee la imagen de Dios el Creador (externo) y dentro de él está el Nombre que sostiene la creación con su poder (interno). En Adán converge lo visible y lo invisible. Físico y espiritual y por medio de ese Nombre, Dios está literalmente presente. Es por medio del poder de su Nombre que Adán puede sojuzgar la tierra. Le es conferida autoridad sobre los peces, las aves, toda bestia en la tierra, esto equivale a toda la creación.

En mi opinión, Adán no comprendió la inmensa responsabilidad que conlleva poseer el nombre de Dios en él.

Jesús hace referencia a que el Nombre del Padre le fue dado a Él. Como ya hemos visto, ese Nombre se refiere a la esencia de Dios. Este es el nombre que es sobre todo nombre:

- Admirable, Isaías 9:6.

- Emmanuel, Dios con nosotros, Isaías 7:14.

¿Puede comprender la profundidad de este nombre?

El Padre se ha acercado a nosotros a través de Cristo Jesús, este poseía en Él la esencia del Padre, el Nombre. Donde está el Nombre, es igual a la manifestación de la presencia misma del Padre. Así se expresa en el libro de Juan, Capítulo 17, desde el verso 6 hasta el 8:

He manifestado tu nombre a los hombres que del mundo me diste; tuyos eran, y me los diste, y han guardado tu palabra. Ahora han conocido que todas las cosas que me has dado proceden de ti; porque las palabras que me diste, les he dado; y ellos las recibieron, y han conocido verdaderamente que salí de ti, y han creído que tú me enviaste.

Esto es indicativo de Su deidad. Jesús viene a manifestar el nombre del Padre, ese nombre creó el universo, ese nombre sana, liberta y confiere vida, la vida de Dios donde nada falta y nada falla. Esto en realidad es algo muy grande para nosotros, pero no es sino un granito de arena en la inmensidad, la profundidad y lo sublime del nombre del Padre. La infusión y transferencia del nombre está conectado al proceso legal de la adopción.

El Padre se ha acercado a nosotros a través de Cristo Jesús. El nombre del Padre está en Él y por ello en nosotros:

Mas si las hago, aunque no me creáis a mí, creed a las obras, para que conozcáis y creáis que el Padre está en mí, y yo en el Padre.

Juan 10:38

La realización de esta verdad debe crear en nosotros un sentir de adoración y reverencia hacia el Padre. Es una gran responsabilidad el poseer Su nombre en nosotros. Por mucho tiempo hemos funcionado como Adán, poseedor del Nombre, pero sin revelación espiritual. Hemos tomado los beneficios del nombre, pero queremos actuar independientemente del Padre, las consecuencias han sido desastrosas para muchos porque buscan sus propias agendas e intereses y no los deseos del corazón del Padre. Por esa razón, a muchos les falta identidad y paternidad ¡Es tiempo de cambio!

Ahora los hijos adoptados somos el templo donde reside el Espíritu Santo, el Nombre de Dios está dentro de nosotros:

¿No sabéis que sois templo de Dios, y que el Espíritu de Dios mora en vosotros?

1 Corintios 3:16

Tanto el nombre como el rostro de Dios son marcas de identidad. Cuando Él le entrega su nombre a alguien, está dando algo de sí mismo.

Otros Nombres

YHVH -	Señor	Deuteronomio 6:4
Abba –	Papa	Marcos 14:36
Padre -	Quien nos engendró	Isaías 64:8
Yo Soy -	Auto existente, inmutable	Éxodo 3:14
El -	El fuerte	
YHVH Rohi -	El Señor es mi pastor	Salmo 23:1-3
El Gibhor –	Dios fuerte	Isaías 9:6

YHVH Shama -	El Señor está allí	Ezequiel 48:35
YHVH Mekaddesh -	El Señor que santifica	Levíticos 20:8
Elohim –	Dios creador de infinita fuerza y poder	Genesis 17:7
El Shaddai –	Suficiente, Dios todopoderoso	Genesis 49:24
YHVH Roi –	El Dios que me ve	Genesis 16:13
YHVH Elyon –	El Altísimo	Deuteronomio 26:19
YHVH Nissi –	El Señor es mi bandera	Éxodo 17:15
YHVH Rapha –	El Señor que sana	Éxodo. 15:26
YHVH T'sidkenu –	Mi justicia	Jeremías 33:16
Adonai –	El Señor	Genesis 15:2
El Olam –	Dios Eterno	Salmo 90:1-3
YHVH Shalom –	El Señor mi paz	Jueces 6:24
YHVH Sabaoth –	Señor de los Ejércitos	Isaías 1:24
El, Eloah –	Dios poderoso, fuerte, promiente	Genesis 7:1
YHVH Jireh –	El Señor proveerá	Genesis 22:14

El Rostro de Dios

La Escritura declara que nadie puede ver el rostro de Dios ya que Él existe en absoluta majestad y pureza.

Los ángeles en el cielo pueden ver el rostro de Dios.

Él es quien se revela, esto implica remover un velo para que pueda ser visto. Su rostro implica bendición.

En la oración de bendición sacerdotal que se encuentra en Números 6:24-27, vemos una conexión poderosa entre el rostro de Dios y Su nombre:

Jehová te bendiga y te guarde. El Señor haga resplandecer su rostro sobre ti y te ilumine, y tenga de ti misericordia, sea amable y te dé su favor. El Señor alce en aprobación sobre ti su rostro y ponga en ti paz, tranquilidad en el corazón y vida continua. Y pondrán mi nombre sobre los hijos de Israel y yo los bendeciré.

Dios esconde su rostro a causa del pecado, cuando esto sucede la bendición es retirada.

En Pentecostés, el Espíritu Santo fue derramado sobre todos los creyentes, fue el día en que nació la iglesia del Señor Jesucristo. Esto fue profetizado por el profeta Joel, (Joel 2:28) en el Antiguo Testamento el cumplimiento de la promesa, lo leemos en Hechos 2:1-4.

Este maravilloso acontecimiento es una aprobación de parte del Padre. Ahora había sido pagado el precio de la redención con la sangre de su Hijo y el Padre muestra su aprobación al no esconder su rostro de sus hijos.

Del rostro del Padre emana la luz del universo.

La luz de su rostro se refiere a Su gloria, el tener la luz del rostro de Dios brillando sobre uno, es indicativo de Su aprobación. Es la bendición más hermosa que se pueda obtener, es ser honrado de parte del Padre.

El estar en tinieblas simboliza ignorancia, estar aislado de Dios. Es sufrimiento, sin bendición, muerte. Es lo opuesto a estar en la luz.

La luz es simbólica de conocimiento de Dios, paz, bendición, gozo y vida.

Luz es la forma de energía que permite ver lo que nos rodea.

Tinieblas es la falta o escasez de luz para percibir lo que nos rodea. Tinieblas es la carencia de luz. Esta palabra se utiliza para describir cuando hay oscuridad moral o espiritual. Todo lo relacionado con las tinieblas produce temor y todo tipo de manifestaciones desagradables.

Las tinieblas se extendían sobre la faz del abismo como se lee en Génesis 1:2. Las tinieblas son algo completamente opuesto a todo lo que Dios hace y produce.

Sobre los egipcios cayó una plaga de tinieblas como lo relata el libro de Éxodo 10:21-22

Tinieblas cubrieron la tierra cuando Jesús estaba siendo crucificado, según Mateo 24:29

Todo aquel que excluye a Dios de su vida, lo que hace permanece en tinieblas y no puede producir nada bueno.

En el primer día de la creación, tres días antes de la creación del sol y la luna, existía una fuente de luz que iluminaba el axis de la tierra, así como era recreada (Génesis 1:1-5, 14).

El sol y la luna no son la única fuente que ilumina la tierra.

La vida y la luz existían antes que las lumbreras.

¿De dónde provenía esta luz? De la faz del Padre:

Este es el mensaje que hemos oído de él, y os anunciamos: Dios es luz, y no hay ningunas tinieblas en él.

> *Si decimos que tenemos comunión con él, y andamos en tinieblas, mentimos, y no practicamos la verdad; pero si andamos en luz, como él está en luz, tenemos comunión unos con otros, y la sangre de Jesucristo su Hijo nos limpia de todo pecado.*
>
> *1 Juan 1:5-7*

El que la Escritura establece que Dios es luz, es un contraste inmediato con las tinieblas:

> *Mas la senda de los justos es como la luz de la aurora,*
> *Que va en aumento hasta que el día es perfecto.*
> *El camino de los impíos es como la oscuridad;*
> *No saben en qué tropiezan.*
>
> *Proverbios 4:18-19*

¡Dios no es una luz, sino que Él es la luz! La luz verdadera que produce y da vida a todo lo que existe, la luz de los hombres. Su deseo es que Su luz resplandezca a través de nuestra vida y alcance a toda persona que está en tinieblas. La luz expone todo lo que está en tinieblas. Es un choque brutal e inconfundible:

> *No habrá allí más noche; y no tienen necesidad de luz de lámpara, ni de luz del sol, porque Dios el Señor los iluminará; y reinarán por los siglos de los siglos.*
>
> *Apocalipsis 22:5*

Haga este experimento: Entre en una habitación y apague todas las luces, todo queda oscuro, pero en el instante que usted use el interruptor de la luz para encenderla las tinieblas desaparecen, la luz es tan poderosa y potente que no permite ni siquiera que quede sombra, la luz destruye la oscuridad. Esto es una verdad espiritual la cual necesitamos conocer y tener presente. Trate usted de que la habitación iluminada ahora se llene de tinieblas... ¡Es imposible! Tal vez esté pensando, "si apago la luz claro que regresa la oscuridad", ¡exactamente! sólo si usted le concede el permiso podrá regresar la tiniebla:

Yo, la luz, he venido al mundo, para que todo aquel que cree en mí no permanezca en tinieblas:

Juan 12:46

Jamás las tinieblas podrán apagar la hermosura de la luz que emana del Padre. Las tinieblas nunca han podido permanecer en la presencia de la luz, simplemente se desvanecen:

Este es el mensaje que hemos oído de él, y os anunciamos: Dios es luz, y no hay ningunas tinieblas en él.

1 Juan 1:5

La Escritura llama a Dios el Padre de las luces, Él habita en luz inaccesible que emana de su santidad y su justicia, en su carácter hay carencia absoluta de tiniebla, no hay ni siquiera sombra de variación:

Toda buena dádiva y todo don perfecto desciende de lo alto, del Padre de las luces, en el cual no hay mudanza, ni sombra de variación.

Santiago 1:17

El no conocer estas verdades causa confusión y conclusiones erradas, son argumentos injustos en gran manera con respecto a quien es realmente el Padre.

Cuando está en tela de juicio algún acontecimiento en la vida de los hijos de Dios, es importante discernir de qué fuente proviene lo que está ocurriendo. Por ejemplo, es imposible que Dios Padre cause o desee la muerte de un niño, esto produce mucho dolor en los familiares y tristeza, no es una manifestación de luz, por lo tanto, es obvio que se ha manifestado el reino de las tinieblas para matar, robar y destruir. Jesús fue muy explícito al revelar la línea divisoria entre los dos reinos. El enemigo viene a destruir, Jesús vino a dar vida y en abundancia:

> *El ladrón no viene sino para hurtar y matar y destruir; yo he venido para que tengan vida, y para que la tengan en abundancia.*
>
> Juan 10:10

Es imposible confundir los frutos de estos reinos, son polos opuestos.

Hace varios años tuve una visión, en medio de una vigilia de adoración, mi participación fue como espectadora. Todo a mi alrededor estaba sumido en la oscuridad más densa que jamás haya visto y de repente mis ojos se enfocaron en un punto en la distancia, era algo muy pequeño y lejano, pero tenía luz. Mi vista se concentró en aquello y cada vez la luz se acercaba más y más y se hacía mayor. Era un resplandor que venía con gran velocidad y de repente comprendí lo que estaba viendo. El Mesías venía montado en su caballo y el resplandor de la luz que manaba de Él viaja o se expande por miles de millas delante de Él. Cuando se acercó su figura, la luz penetró la densa tiniebla y pude ver muchas personas atrapadas por aquella oscuridad tan densa. Ellos se retorcían cuando les daba la luz del Señor. Fue una visión poderosa y pude entender la magnitud de la luz que emana de Dios.

En Santiago 1:17 se habla del Padre de las luces porque esta tiene su origen en Dios, no hay otra fuente. La luz que procede de Él jamás cambia, no hay luz y después oscuridad, sino que su luz alumbra constantemente el universo.

Nosotros somos proclamados como hijos de luz, ¿por qué? Porque ahora tenemos la naturaleza del Padre en nosotros y podemos reflejar la luz que recibimos de Él:

> *Porque en otro tiempo erais tinieblas, mas ahora sois luz en el Señor; andad como hijos de luz.*
>
> *Efesios 5:8*

El Padre es el autor de todo lo que no está en tinieblas. No existe ninguna transgresión en Él. En su amor hacia nosotros, Él es quien nos provee de salvación a través de su hijo Jesús y sólo a través de aceptarlo como Señor y Salvador podemos tener los atributos del Padre en nosotros y caminar en una vida de victoria en la tierra.

Cuando Moisés descendió de estar en la presencia del Padre, su piel resplandecía de tal manera que tuvo que cubrirse con un velo. Así también nosotros resplandeceremos con la luz del Altísimo cuando somos expuestos a la provisión de redención de Dios.

Caminemos en la luz admirable del Padre, podemos hacerlo cuando estamos en Cristo Jesús, quien nos ha justificado y nos permite acercarnos a Dios Padre y recibir sus atributos, ser reflejo de su luz admirable y resplandecer en este mundo mostrando la Gloria de Dios:

Entre tanto que tenéis la luz, creed en la luz, para que seáis hijos de luz.

Juan 12:36

Reconciliación

¿Quién nos podrá separar? ¿Cuál es la conclusión de todo lo que hemos aprendido?

¡Que Dios es amor! El amor de Dios por la humanidad es ardiente, profundo, agresivo, apasionado como ningún otro, inclusive incomprensible. ¿Quién se atrevería a entregar a la muerte a su unigénito, inocente, hermoso y lleno de virtud para salvar a extraños, homicidas, perversos y moribundos?

¡Sólo El Padre!

Nadie más ha hecho semejante cosa; movido por el amor y la compasión que solamente un padre es capaz de sentir.

Hoy lo invito a que usted medite en esta verdad innegable y que usted ahora, así como lee estas páginas, tome un momento y abra su corazón delante del Padre y ore así:

Señor y Dios en este momento te pido perdón por todos mis pecados, lávame en tu sangre derramada en la cruz del calvario, sálvame y seré salvo. Hoy me reconcilio contigo y te pido perdón por pensar mal de ti, juzgarte y culparte por mis calamidades. Ahora entiendo que de ti sólo proceden las mejores cosas para mi vida. Este es un nuevo comienzo para mí y de hoy en adelante caminaré junto a ti todos los días de mi vida hasta la eternidad. ¡En Cristo Jesús, Amén!

Pase lo que pase en nuestras vidas, cuando enfrentamos desánimo, traición, enfermedad, muerte, falta, etc. necesitamos comprender que el amor del Padre en Cristo Jesús nos rodeará y nos ayudará a enfrentar y sobrepasar cualquier cosa. Porque es su mayor deseo estar a nuestro lado siempre:

> *¿Acaso hay algo que pueda separarnos del amor de Cristo? ¿Será que él ya no nos ama si tenemos problemas o aflicciones, si somos perseguidos o pasamos hambre o estamos en la miseria o en peligro o bajo amenaza de muerte? (Como dicen las Escrituras: "Por tu causa nos matan cada día; nos tratan como a ovejas en el matadero").*
>
> *Claro que no, a pesar de todas estas cosas, nuestra victoria es absoluta por medio de Cristo, quien nos amó. Y estoy convencido de que nada podrá jamás separarnos del amor de Dios. Ni la muerte ni la vida, ni ángeles ni demonios, ni nuestros temores de hoy ni nuestras preocupaciones de mañana. Ni siquiera los poderes del infierno pueden separarnos del amor de Dios.*
>
> *Ningún poder en las alturas ni en las profundidades, de hecho, nada en toda la creación podrá jamás separarnos del amor de Dios, que está revelado en Cristo Jesús nuestro Señor.*
>
> *Romanos 8:35-39.*

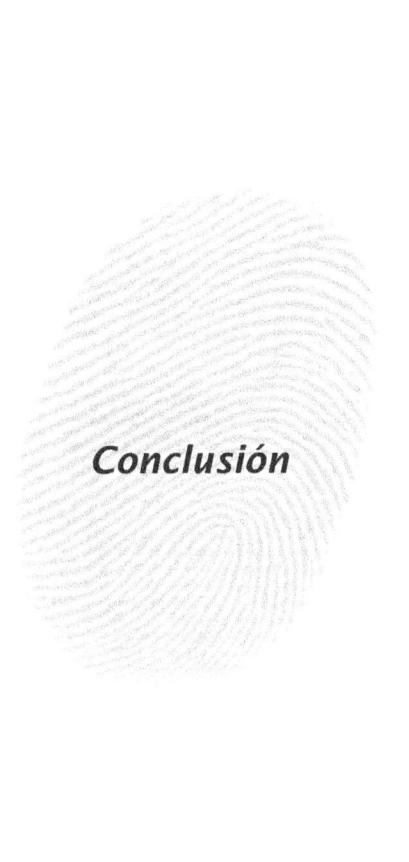

Conclusión

La Plenitud en esta vida y en la eternidad sólo la alcanzaremos a través de la adopción a la familia de Dios y una relación legítima de amor con el Padre, quien te amó con amor eterno a través de la persona de Jesucristo.

El propósito de este libro es acercar al hombre al corazón del Padre a través del entendimiento de quien es El y su verdadero plan y deseo hacia el ser humano.

Su sello está en nuestra vida, admitámoslo o no, Él está ahí siempre obrando para provocar y proveer nuestro bienestar.

No pretendo exponerlo a Él en su totalidad ya que habría que escribir tanto que el universo no podría contener el material sino más bien de lo que he aprendido y vivido, de esto escribo.

Escribo desde la posición de un corazón restaurado, sano y lleno de expectativa por lo que está por venir.

Referencias

1. Operating in the courts of Heaven. Página 18, párrafo 1.
2. What happened in the Garden. Página 132, párrafos 2-4.
3. Willminton's Guide to the Bible. Página 474.
4. Willminton's Guide to the Bible. Página 473.

Bibliografía

Biblia Reina Valera 1960. Revisión 2007. Standard Publishing.

Biblia de Referencia Thompson. Reina Valera 1960. Editorial Vida.

Biblia Peshitta 2009 Holman Bible Publishers, Nashville, TN.

Baker's Dictionary of Theology. Baker Brook House 1960. Grand Rapids, Michigan.

The Word. William S. Eldridge 2010, U.S.

The Life and Times of Jesus The Messiah, Alfred Edersheim. 1993 Hendrickson Publishers Inc.

Knowing God. J.I. Packer. 1973. Inter Varsity Press, Downers Grove, Illinois.

Targum and Testament revisited. Second Edition. Martin Mc Namara. 2010. Wm. B. Eerdmans Publishing Co. Grand Rapids, Michigan.

The Jewish Targums and John's Logos Theology. John Ronning 2010. Baker Academic. Grand Rapids, Michigan.

The Power of the Blood of Christ. Andrew Murray. 1993. Whitakes House. New Kensington, PA.

The God Code. Gregg Broden. 2004. Hay House. U.S.

Operating in the Courts of Heaven. Robert Henderson 2014. Printed in U.S.

What happened in the Garden. 2016. Kregel Publications. Grand Rapids, Michigan.

Para invitaciones y contacto
con el ministerio de
Marcia Castillo escribir a:

marciacastillollc@gmail.com

17028 SW 91 Street

Miami, FL 33196

www.ingramcontent.com/pod-product-compliance
Lightning Source LLC
Chambersburg PA
CBHW051839090426
42736CB00011B/1882